청년부자코칭, 청년창업코칭

청년부자공화국

Bees Republic

부자의식, 부자생각, 부자지성으로 자아를 혁신하라.

부자훈련으로 100% 부자 되기

청년부자공화국

1판 2쇄 : 인쇄 2016년 03월 25일
1판 2쇄 : 발행 2016년 03월 31일

지은이 : 정일봉
펴낸이 : 서동영
펴낸곳 : 서영출판사

출판등록 : 2010년 11월 26일 (제25100-2010-000011호)
주소 : 서울특별시 마포구 서교동 465-4, 광림빌딩 2층 201호
전화 : 02-338-0117 팩스 : 02-338-7161
이메일 : sdy5608@hanmail.net

디자인 : 이원경

ⓒ2016정일봉 seo young printed in seoul korea
ISBN 978-89-97180-53-0 13320

청년부자코칭, 청년창업코칭

청년부자공화국
❖ Bees Republic ❖

부자의식, 부자생각, 부자지성으로 자아를 혁신하라.
부자훈련으로 100% 부자 되기

지은이 : 정일봉(청년부자공화국 대표, 성형외과의사, 목사)

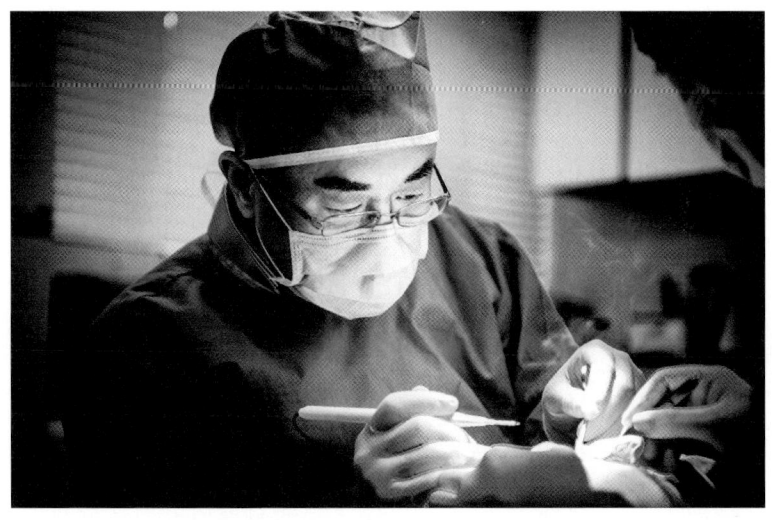

이 시대의 청년들은 돈이 없으면 행복할 수 없다.
그러나 청년들은 돈을 모르니 희망이 없다.
청년부자공화국으로 오라. 그리고 돈을 만나 돈을 배우라.

2016·서영

들어가는 글

**"청년들아,
자아를 혁신하라. 세상을 탓하지 말고 자아를 추월하라."**

청년은 현실적으로 진로, 취업, 결혼 그리고 미래에 대한 많은 고민이 있다.

그리고 대부분 돈만 있으면 해결되는 것들이지만 미래가 불확실한 청년이 홀로 지기에 버거운 짐이다. 그래서 그들은 〈헬조선〉을 부르짖으며 〈흑수저〉의 늪에서 헤어 나오지 못하고 있다.

나는 이 시대의 청년들은 돈이 없으면 행복할 수 없다는 것과 그리고 그들은 돈을 모른다는 것을 깨달았다. 먼저 돈을 알아야 한다.

나는 너희에게 한 점 부끄러움 없이 명령한다.

"떠나라. 네 둥지를 떠나라. 그리고 돈이 지배하는 세상에서 돈을 만나 돈을 알고 돈과 열애하라. 청년부자공화국으로 오라. 그리고 돈을 배우라. 부자가 되어라."

청년들아, 나는 너희들이 부자로 잘 사는 것이 나의 소원이며 이 책의 목적이다.

2016년 3월 청년부자코치 **정일봉**

청년부자공화국 스토리

나는 잘 생긴 의사 아빠와 미인 엄마의 큰 아들로 금수저를 물고 태어났다.

그러나 행복하지 못한 가정환경에서 어린 시절을 보내며 방황하는 가운데 의과대학을 다녔지만 스무 살에 연탄배달, 버스에서 지갑 팔기, 가정교사 그리고 할부 책을 팔았고 연말이면 불우이웃돕기 성금을 받으며 힘들고 고달픈 청년시절을 보냈다.

나는 의대를 졸업하여 의사가 되었고 5년을 더 공부하여 성형외과전문의가 되어 병원을 운영했다. 그러나 그것으로 행복하지 않았다.

나는 3년간 단 하루의 결석도 없이 야간에 신학을 공부하고 목사 안수를 받았다.

그리고 지난 20여년 동안 성형외과 원장과 교회목사 그리고 인터넷 개발, 잡지 출판, 유통, 프랜차이즈업 등 다양한 사업을 경영하는 사장으로 쓰리잡의 명함을 가지고 일을 했다. 나는 성형외과의사로서는 최고의 성공을 했다. 돈도 많이 벌었다.

그러나 네 번의 개척교회가 부흥되지 않았고 여러 차례의 사업에서 최악의 실패를 거듭하며 돈, 인간 그리고 영혼의 문제에 대한 깨달음을 얻었다.

그리고 청년부자공화국은 청년들과 돈에 대한 깨달음을 함께 나누며 못 다한 내 꿈을 함께 이루어 나갈 성소로 탄생했다.

✤ 차 례

가난한 청년을 위한 희망코칭

희망이 없는 청년의 나라

대한민국 교육과 학교

대한민국 교육과 학교에서 우리는 티끌만한 행복도 찾을 수 없다.

예전에는 돈 잘 벌고 남들이 알아주는 전문 직업인 양성학원 이었고 지금은 취업을 준비시키는 취업 준비 학원이다.

행복의 길을 가르치지 않는 학교.

행복을 모르는 선생들이 바퀴벌레처럼 온종일 바쁘기만 한 학교. 학생의 행복은 생각하지도 않고 자신도 행복하지 않은 선생들이 집에서 행복을 배워보지 못한 학생들을 가르친다.

무엇을 가르치고 있는가?

세계에서 청소년이 자살을 가장 많이 한다는 통계를 보니 혹시 세상을 포기하는 법을 가르치고 있는 것일까?

우리는 학교에서 행복보다는 불행을 배우고 익혀 대학을 졸업한다.

나만 잘되면 되는 이기적인 자기 중심으로 확고하게 무장되어 졸업한다.

자립, 협력, 존경, 배려심 그리고 우리의 삶을 지배하는 돈이 무엇인지도 모른 채 졸업한다.

약자는 더욱 약자로, 교만한자는 더욱 교만해져 명예로운 졸업을 한다.

대한민국 학교는, 한국 부모의 자식에 대한 극우와 학교의 세상에 대한 극좌의 합작이다.

혹시라도 대한민국 교육이 국민을 죽일 목적으로 설계되었는지 생각할 일이다.

청년들아, 학교를 믿지 마라. 배워야 할 것을 가르치지 않는 학교는 네 인생을 소모시키는 거대 악이다. 대한민국은 쓸모없는 교육으로 젊은 청년들이 반건달처럼 살게 한다. 대학을 졸업하면 쓸만한 것이 하나라도 남아서 먹고 살 걱정이 없도록 하든지, 아니면 머리통 깨지면서 살 수 있는 깡이라도 키워 주든지 했어야지. 이게 무엇인가? 그렇다. 대학은 문을 닫고 졸업장이나 팔아라.

대한민국은 가르칠 것을 가르치라

대한민국 학교는 가르칠 것을 가르치라.
혼자 행복할 수 있는 자립,
옆 사람과 행복할 수 있는 협력,
위 사람과 행복할 수 있는 존경심을 가르치라.
그리고 무엇보다 돈을 가르치라.
뱃속에 있을 때부터 마지막 생을 다하는 임종의 순간까지 인간을 다스리는 살아있는 존재가 돈이라는 것을 잊었느냐?

돈이 무엇이며,

우리 부모님 그리고 남편은 어디서 어떻게 돈을 벌며,

돈이 없으면 어떻게 되며, 가난하고 궁핍한 인생은 어떠하며,

돈 없이 천대받는 자식의 아픔이 어떠하며 그들의 장래가 어떻게 될지, 그리고 돈으로 어떤 인생을 살아야 하는지를 가르치라.

돈을 모르고 대학을 졸업하는 것은 총 없이 전쟁터로 나가는 군인과 같다.

지금 대한민국에는 총이 무엇이지도 모르는 군인들로 가득 차 있다.

학교는 사람이 잘 사는데 꼭 필요한 자립심, 협력, 존경심 중 어느 것 하나도 가르치지 못한다. 오히려 자립심을 키우기는커녕 무능한 사람을 만들고, 협력은커녕 피 터지는 무한 경쟁구도를 조성하여 원수친구를 만들고 어른에 대한 존경심을 가르치기는커녕 교수 자신도 존경을 받지 못하고 있으니 학교는 왜 존재하는지 모르겠다. 학교는 졸업장만 팔아라!

대학교는 졸업장만 팔아라

교수는 많아도 닮고 싶은 교수 없고,

교수는 많아도 학생을 위해 고민하는 교수 없고,

교수는 많아도 졸업 후 보고 싶은 교수 없고,

강의는 많아도 진리는 없으니

부모님의 피 같은 학비가 아깝구나.

입만 살아있는 교수만 있다면

차라리 대학교는 졸업장만 팔아라.

어울릴 줄 모르는 대한민국

어울릴 줄 모르는 대한민국아.
학교에서는 친구도 없고, 스승도 제자도 없고,
가정에서는 부모와 자식도 없고, 군대에서도 전우가 없는 대
한민국.
어울릴 줄 모르는 대한민국아,
이제는 북한과도 어울리고
일본과도 어울리는 능력을 배우라.

획일적이며 강요하는 공장교육

사람은 누구나
자기만의 개성을 가지고 태어난다.
나만의 색깔, 나만의 소리, 나만의 유전자를 가지고 태어난다.
인간은 세상에서 둘도 아닌 자신만의 인생을 살아 보라고 명
령을 받은 존재이다.
그러나 대한민국 교육은 그것을 모른다.
초등교육부터 획일적이며 강요하는 공장교육.
그래서 대한민국은 세계에서 가장 많이 공부하는 나라지만
원판이 똑같은 교육을 받은 사람만 있기 때문에
상위 몇 %를 제외하면 나머지는 쓸모가 없다
그래서,
대학을 졸업했지만 취업이 어렵고,
오늘도 허수아비들이 강남을 떠돈다.

학생은 공부하는 노예, 선생은 가르치는 노예

미국 오바마 대통령
틈만 나면 한국 교육 칭찬
우리나라 홍보되니 좋지만
저한테나 물어보고 말씀하시지.
우리는 알지만 한국 교육이 칭찬받을만 할까?
교육에 대한 엄마들의 열망과
좋은 유전자를 물려받은 소수 우등생의 열심은
칭찬할 만하지만.
한국 교육은 아니다.
밤 10시가 넘은 시간에 무거운 가방 짐을 메고 어깨를 늘어 뜰인 채 귀가하는 대한민국 학생들.
척추 뼈가 온전한 학생이 있을까? 그렇다. 학생은 공부하는 노예, 선생은 공부를 가르치는 노예다.

청년들아 너희 손으로 학교 문을 닫아라

대학교는,
학생들이 사회에 나가 정의를 바로 세우도록 〈사회정의〉를 가르쳐야 한다
교회는,
거짓된 세상에서 바른 영혼을 지킬 수 있도록 〈인간정의〉를 가르쳐야 한다.
때문에 대학교와 교회 안에 거짓과 부정이 있다면 문을 닫아야 한다.

이유는 정의의 이름으로 도둑질을 하기 때문이다.
청년들아! 너희 손으로 문을 닫아라.

무지에서 깨달은 자가 세상을 깨운다

학교에서 배우는 것보다
집에서 배우는 게 높고,
집에서 배우는 것보다
자연에서 배우는 것이 더 높다.
그러나
가장 높은 배움은
무지에서 깨달음이라.
무지에서 깨달은 자가 세상을 깨운다.

자녀교육은 이렇게 하라

부모들아, 자녀교육은 이렇게 하라.
7살 까지는 훌륭한 선생이 되고
7살 이후에는 자상한 부모가 되고
20살부터는 좋은 친구가 되어라.
7살까지는 왕의 자녀를 맡은 자처럼 겸손한 지혜로 가르치고
7살 이후 학생자녀를 가르칠 때는 따뜻하고 엄격한 부모로서
자녀를 돌보고, 20살이 넘은 성년자녀를 가르치려 함은 어리석
은 일이니, 자녀와 공감하고 소통하는 좋은 친구가 되어라.

우리 사회는 겉보기 보다 속이 많이 아픈 사회입니다

우리 사회는
상처를 싸매 주어야 할 사람으로부터 상처를 많이 받습니다.
자식은 부모로부터, 청년은 어른으로부터, 직원은 사장으로
부터, 국민은 지도자로부터 상처를 많이 받습니다.
우리 사회는
겉보기 보다 속이 많이 아픈 사회입니다.

여당과 야당

보수와 진보.
호남과 영남.
대한민국 정치는 국민을 '편 가르기의 한수'로 두 패로 갈라놓
고 앞에서 완장차고 대장 노릇 하는 머리 좋은 인간들의 집단.
국민들아, 속지마라.
그들은 두 편으로 갈라진 국민들의 편싸움을 보면서 서로에게
필요한 실리를 취한다.
그래서 겉으로는 싸우지만
밤이면 은밀한 곳에서 손을 잡고 양주파티를 한다.
그런데,
철없는 국민들은 부자간에도 영원히 두 패로 나뉘어
너는 여당, 나는 야당하며 오늘도 원수가 되어 싸운다.

그래서 대한민국의 미래는 어둡다

대한민국은 아픔이 가득 한 나라.
시민들은,
거친 분노와 울분으로 피켓을 들고
쉴 틈 없이 거리로 쏟아져 나오고,
촛불을 든 청년들이 광장에서 밤을 새는 나라.
어린 학생부터 노인에 이르기까지 가득 찬 아픔을 주체하지
못하는 대한민국.
거리로 나올 힘이 없으면 목숨을 끊어 자신의 아픔을 잊고 싶
어 하는 나라.
교육을 가장 많이 받지만 행복지수는 최하위 나라
그래서 대한민국의 미래는 어둡다.

대한민국은 따로국밥

대한민국은 따로국밥.
부모와 자식이 따로,
남편과 아내가 따로,
직원과 직장이 따로.
국민과 정부가 따로,
노동자와 기업가가 따로,
여당과 청와대가 따로,
모두가 따로 노는 따로국밥 대한민국.

가난한 청년을 위한 희망코칭

합의가 어려운 국민성 이것이 대한민국의 한계

우리는 어릴 적부터 한 번도 합의를 경험해 본 적이 없다.

합의를 배운 적도, 본 적도, 들은 적도 없다

그래서 합의가 무엇인지 모르고 합의를 할 줄 모른다.

가정에서 부모와 자식은 항상 일방적으로 강요된 관계,

학교에서 선생님과 학생도 항상 일방적으로 강요된 관계,

사회에서도 우리는 언론과 정부에 의해 일방적으로 강요된 상태, 그래서 우리 국민은 모두 일방적으로 강요당한 아픔과 억울함을 고스란히 간직하고 있다.

그리고 지금은 우리가 부모되고, 선생이 되어 배운 대로 따라한다. 그리고 지금 청년은 나와 합의하지 않은 모든 사람들과 사회를 향해 분노한다.

바로 이 문제가 청년들로 하여금 대한민국을 '헬조선'이라고 부르는 근본원인이다.

이제,

대한민국은 가정과 학교는 물론 사회의 모든 영역에서 합의를 통해 서로의 생각을 조율하는 새로운 장을 열어야 한다.

그러면 비로소 국민은 자신과의 합의에 따른 결과를 승복하게 되며 청년들은 결과에 대한 책임을 자신이 질 것이다.

대한민국아! 기뻐하라!

五樂. 식락, 색락, 수면락, 재물락, 명예락.

기쁨은 생명을 유지하고, 자손을 번식하며

일을 할 수 있도록 움직이는 가장 강력한 원동력.

기쁨은 인간에게 가장 중요한 동기이며 목적이다.

기쁨이 생명이요. 기쁨이 없으면 죽음이다.

그런데 대한민국은 기쁨이 없는 나라.

여유도, 자유도, 표정도, 언어도, 합의도 없는 나라.

편견과 강요 그리고 횡포가 난무하는 나라.

사망의 음침한 기운이 깔린 나라.

그래서 우리 사회는,

싸이코패스, 존속살인, 성폭력, 가정폭력, 자살들이 멈추지 않는다.

오! 기쁨이 없는 대한민국.

OECD국가 중 가장 불행지수가 높은 나라,

세계에서 청소년 자살률과 노인 자살률 1위가 기쁨이 없음을 증명하는 나라.

대한민국아! 기쁨을 회복하라, 기쁨과 친구가 되어라.

대통령으로부터 초등학생까지, 서울에서 제주도까지

우리 모두 기쁨의 노래를 부르자.

대한민국아! 기뻐하라!

대한민국 경제정책의 헛발질

경제지수는 다른 말로 국민지수이다.

국민들이 소통을 잘하면 경제가 잘 돌아가고, 국민들이 소통하지 않고 활력이 없으면 경제가 돌아가지 않는다.

경제의 주체는 국민이다.

그러나 대한민국은,

주체를 생각하지 않고 주체의 언저리에서 맴돈다.

그래서, 대한민국은 경제가 어려우면
경제정책을 바꾸고, 제도를 바꾸고
더 잘하면 법을 만드는 일만 한다.
사람이 바뀌어야 역사가 바뀐다.
국민이 바뀌어야 나라가 달라진다.
사람을 그대로 둔 채는 아무런 변화도 있을 수 없다.
경제가 안좋으면 경제전문가들이 모여 토론을 벌인다.
그러나 아무리 좋은 제도도, 아무리 신선한 정책도, 국민이 인정하지 않고, 국민이 움직이지 않고, 국민이 응원하지 않으면 의미가 없다.
국민이 하나 되고 국민과 정부가 하나 되지 않으면 되는 것은 없다.
정부는 경제가 어려우면
경제학 교수를 불러 토론을 하기보다
먼저 장관들과 국민들이 축구경기라도 한번 하는 것이 훨씬 유익하다.
장관들아, 나라가 어려우면 청년들과 만나 막걸리라도 한잔 마셔라.

화도 잘 내고 흥도 많은 우리 국민

우리 국민은 화도 잘 내고 흥도 쉽게 나는 민족.
화가 나면 다된 판도 엎어버리고
흥이 나면 없는 돈으로 술을 사는 착한 민족.
정부는 들으라.
우리를 화나게 하지 마라.

우리로 신바람 나게 하라.
그러면
대한민국은 국민 스스로 일어나며 잘사는 나라가 된다.

대한민국에는 아픈 리더십이 없다

애가 운다.
'앙'.
옆에서 '울음 뚝' 한다.
애는 더 큰소리로 운다.
'아~앙'
옆에 있던 아빠가 애보다 더 큰소리로 울었다.
애가 울음을 그쳤다.

우는 자와 함께 울라.
아픈 자와 함께 아파하라.
슬픈 자와 함께 슬퍼하라.
진정한 리더십은 〈함께 우는 리더십〉이다.
국민들이 그렇게 아파하지만
우리나라에는 아픈 리더십이 없다.
이것이 대한민국의 아픔이다.

대한민국아, 참지도자가 되어라

말만 있는 지도자는 거짓 지도자.

말과 행함이 있는 지도자는 좋은 지도자.
행함으로 본이 되는 사람은 참 지도자.
너희는 참 친구가 되고, 참 부모가 되고, 참 지도자가 되어라.

내가 대통령이라면

내가 대통령이라면
가장 먼저 할 일은 청년대학생 부채 전액 탕감.

대학생은 나라의 미래 얼굴
미래 얼굴이 부채에 시달리고 찌들린다면
나라의 미래는 없는 것.

돈을 알기도 전에
돈에 눌리고, 돈에 죽어가는 우리 대학생들.
대학생이 빚지는 일은
나라의 책임.
먼저 돈을 가르치고 돈을 빌려 주는 게 맞지.
돈이 무엇인지 아무것도 모르는 대학생들에게
돈을 빌려주는 나라는
대학생들의 부채를 책임지라.

가난한 청년을 위한 희망코칭

대한민국은 응답하라

첫째(청년중심사회) : 청년청을 신설하라

세계가 IT 정보 지식 중심의 사회로 급속히 재편되는 중이다.
그러므로 사이버세대가 세상을 주도해야 한다. 또한 젊은 청
년들은 이상적인 지도자가 갖추어야할 조건으로서 기성세대에
서는 찾아 보기 어려운 도전, 열정, 순수 그리고 의로운 도덕성
이 있다. 그러므로 시대의 변화에 적응하려면 청년중심의 사회,
청년지도자의 나라를 만들어야 한다.

우선 〈청년청〉을 신설하여 국무총리급의 권한을 부여하고 청
년에 관한 사법, 입법, 행정을 관장토록 해야 하며 〈IT 정보관리
개발〉에 관하여 주도적 역할을 하도록 해야 한다. 그러면 교육,
취업, 창업, 출산 등 청년에 관한 모든 문제는 어렵지 않게 해결
될 수 있으며 급변하는 국제정세에도 쉽게 적응할 수 있다. 이제
청년의 문제를 기성세대가 고민하지말고 청년들에게 맡길 때가
왔다. 이는 결코 위험한 장난이 아니다. 어른은 어른으로서 오랜
경험으로부터의 축적된 지식과 지혜로 그들을 지원하면 된다.

둘째(청년창업) **: 청년창업을 지원하는 기구의 일원화, 한 개의 홈페이지로 통합관리 및 창업에 필요한 법인등록, 세무, 법무, 재무, 노무 분야 그리고 홈페이지 제작을 무상으로 지원 또는 대행하라**

청년이 할 일이 많고 분주한 나라는 활기차고 희망이 있는 나라다. 청년창업은 국가경제의 활력이 되는 어렵지 않은 대안이다. 그러나 대한민국은 청년창업을 돕는 조직이 너무 많은 이름과 너무 다른 지원 내용으로 복잡하여 청년이 접근하기 어렵다. 그리고 사업을 모르는 청년들이 법인을 등록하여 관리하는 자체가 큰 부담이다. 국가는 전국의 시도에 있는 청년창업을 지원하는 기구의 명칭과 업무를 일원화하고 한 개의 홈페이지로 통합관리하라.

그리고 창업에 필요한 법인등록, 세무, 법무, 재무, 노무 분야 그리고 홈페이지 제작을 무상으로 지원 및 대행하라.

셋째(교육) : 유치원부터 대학까지 '합의'를 가르치라

우리나라는 가정에서나 학교에서나 부모가 자식들과 그리고 선생님이 학생들과 서로 의견을 나누고 합의하여 도출된 결과를 가지고 양육하거나 가르치지 않고 어른이 일방적으로 결정한다.
이와같이 대한민국은 어릴 때부터 성인이 되기까지 모든 일을 당사자인 본인과 합의하는 과정을 거치지 않기 때문에 부부, 부자, 노사, 여야, 사제, 정부와 국민사이 등 모든 관계에서 소통할 수 없으며 한번도 합의를 해 본 경험도 없기 때문에 아무리 좋은 제안도 합의 자체가 힘든 나라이다. 합의가 어려운 나라는 공감 소통이 어려워 하나로 뭉치는 응집된 힘을 기대하기 힘들다. 그래서 한국인들은 세계 어디에서나 개인으로는 똑똑하지만 모이면 약해진다.

부부가 평소 합의하는 과정이 없으므로 불평불만이 많아 이혼이 많고, 부자가 합의하지 못하므로 소통이 안돼 아들이 가출을 하고, 학교에서는 선생님과 학생, 학생과 학생사이에 합의가 없으므로 교사폭행과 왕따가 있다. 정치권에서도 여당과 야당의 합의는 정말 수준이하이다.

우리는 〈합의가 없는 대한민국〉에서 〈합의하는 대한민국〉으로 신속히 전환해야 한다.

이제는 가정과 학교에서 어릴때부터 매우 작은 일에도 합의 과정을 통해서 모든 일을 결정하는 교육과 훈련을 해야 한다. 그리고 사회 전반의 모든 과정에서 필수적으로 합의하는 훈련을 해야 한다. 그러면 국민들은 나와 합의한 내용대로 세상이 움직이기 때문에 더욱 긍정적으로 협력하고 동참하며 합의 결과에 대해 국민 스스로 책임을 질 것이다. 대통령은 유치원부터 가정과 학교에서 조기교육을 통하여 〈합의하는 세상〉을 의무적으로 가르치고 생활화 하도록 해야 한다.

넷째(국가정책) : 〈신바람정책〉을 펼쳐라

대한민국 국민은 매우 감성적이다.

그러므로 학생은 신바람나게 공부하고, 기업인은 신바람나게 사업하도록 〈신바람 국민운동〉을 펼쳐야 한다. 우리 국민은 신바람만 나게해주면 무엇이든지 잘할 수 있는 교육의 바탕과 능력을 갖추고 있다. 대한민국 경제는 신바람이 날 때만이 살아난다. 경제 활성의 바로미터가 〈국민들의 신바람지수〉이다. 대통령은 대한민국 국민들이 방방곡곡에서 노래하고 춤추도록 해야 한다. 〈국민 신바람위원회〉를 신설하여 국민들이 신바람나도록 분위기를 조성하고 사회의 모든 분야에서 〈기를 살리는 정책〉을 개발하고 〈기를 죽이 는정책〉을 폐기해야 한다.

다섯째: 도시에 기쁨의 거리(Joy street), 학교와 회사에는 기쁨존(Joy zone)을 열어라

대한민국 모든 도시와 캠퍼스에 일정한 거리(50~100m)의 구역을 지정하여 기쁨존,기쁨의 거리(joy zone, joy street)를 열어라.

〈웃는 zone〉 〈춤추는 zone〉 〈노래하는 zone〉

길을 가는 사람들이 〈웃는 거리〉에 들어서면 모든 사람들이 큰소리로 웃는 거리.

길을 가는 사람들이 〈춤추는 거리〉에 들어서면 모든 사람들이 음악에 맞추어 춤을 추는 거리.

길을 가는 사람들이 〈노래하는 거리〉에 들어서면 모든 사람들이 노래를 따라 부르는 거리.

대한민국에 웃고, 춤추고 노래하는 기쁨의 거리가 열리면 대한민국은 새로운 시대를 맞으리라.

가난한 청년을 위한 희망코칭

떠나라. 둥지를 떠나라

떠나라. 둥지를 떠나라

청년아, 떠나라. 둥지를 떠나라.
그리하면 죽을 것이요. 죽으면 살리라.
떠나는 것이 자아혁신의 시작이요 청년부자공화국의 모토이다.
청년아, 떠나라.
떠나면 길이 있다. 떠난 자에게 길이 보인다.
예수, 석가, 공자, 다윗, 빌 게이츠, 스티브잡스 모두 둥지를 떠났다.
사랑하는 청년아,
이제는 깨어 일어나, 너의 헌 옷과 헌 신발을 벗어버리고 새 옷
과 새 신발로 갈아 신고 길을 떠나라.

떠나라. 돈 없이 집을 떠나라

청년아, 떠나라. 돈 없이 집을 떠나라.
그리고 돈이 지배하는 세상에서 돈을 만나 돈을 배우고 돈과

열애하라.

돈을 알고 돈을 보며 돈을 다스리는 자만이 이 시대의 영웅이다.

너를 추월하라

청년아
빨리 가는 앞차를 불평하지 말고
먼저 네 자신을 추월하라. 그리하면 네가 앞서리라.

청춘아, 네가 빛이 되어라

어두움을 향하여 분노해 보라.
어두움이 더욱 어두워지리라.
'어두움아, 물러나라' 소리쳐 보라.
물러나지 않을 것이다.
'어두움아, 왜 나를 괴롭히느냐' 불평해 보라.
어두움이 너를 비웃을 것이다.
어두움을 만나거든
어두움을 나무라지 말고 네가 빛이 되어라.
네가 어두움을 물리치리라.

이력서를 창업계획서로 바꾸라

총알이 빗발치는 전쟁터에서도 이력서를 쓰는 바보들.

내일 세상의 종말이 올지라도
"나는 한 장의 이력서를 쓰노라."라고 포효하는 멍청이들.

친구들아,
이제는 〈갑〉 앞에 무릎 꿇는 바보 인생을 자원하지 말고
어제 밤에 쓴 이력서를 갈기갈기 찢어 〈갑〉과 함께 쓰레기통
에 버려라.

친구들아,
이제는 이력서 인생을 살지 말고 네 길을 가라.
네 인생의 창업의 큰 꿈을 꾸며 앞으로 뚜벅뚜벅 걸어가라.
용기가 없으면 무작정 세상에 나가 깨지고, 부서지고, 난도질
을 당해보라.
그리한 후에는 네가 절대 〈갑〉이 되리라.

한 청년을 찾으신다

이 땅에 아프지 않은 생명이 어디 있니?
열대사막에서 쫓기는 얼룩말도,
먹을거리를 찾아 헤매는 밀림의 왕 사자도,
먹을 것을 앞에 두고 사자의 눈치를 보는 하이에나도.
그들의 눈빛을 보라
모두의 눈빛이 아프다.
그렇다. 모든 피조물이 아프다.
그리고 창조주 하나님도 울고 계신다.
그리고 아픈 사람들 중에서

아픈 사람의 눈물을 닦아 줄
한 청년을 찾으신다.
청년대통령.

육적 사명과 영적 사명

청년들아,
우리에게는 두 가지 사명이 있다.

육적 사명은,
네 가족과 가까운 이웃들에게 인간으로서 너의 도리를 하는
것이고,
영적 사명은,
내 가족과 가까운 이웃이 아닌 세상을 섬기고 돕는 일이다.
육적 사명만 감당해도 잘하는 일이다
그러나 영적 사명을 감당하면 신을 대신하는 일이니 귀한 일
이다.

리스크 제로의 무한 자본

청춘아, 사랑하는 청춘아!
아무것도 없는 빈털터리 청춘아!
그래서 너는 대단한 거야.
잃어도 잃을게 없고,
잃어도 얼마든지 잃을 수 있는

위대한 청년의 자산
하나도 가진 것 없지만
모든 것을 가질 수 있는
리스크 제로의 무한자본.
너의 〈빈털터리〉로
세상과 한판 승부를 멋있게 가려라.

청춘아, 사랑하는 청춘아!
아무것도 없는 청춘아.
돈도, 집도, 땅도, 인연도 없어 다행인 사람아.
너는 자유영혼.
잃을 것 없는 참 자유자.
세상에는 가짐으로 인하여,
자유롭지 못한 사람이 얼마나 많은가를
너는 아느냐?

청춘아, 너의 영혼은 자유를 원해

청춘아,
너의 영혼은 자유를 원해.
어떤 형식도 간섭도 모든 것을 거부해.
정말 네 영혼은 자유를 갈망해.
어른들은 제멋대로라고 생각하지만
그들은 청춘을 몰라.
왜 당신들의 생각을 나에게 강요하는 거지?
그래! 너희들 영혼은 자유를 원하지.

네 안의 것을 폭발해 버려.
그냥 있는 그대로, 하고 싶은 대로 살아.
마음대로 입고, 마음대로 노래하고, 마음대로 춤추며
소리치고, 폭발하고, 분노해.
그러나 한 가지 잊지 마.
"모든 것을 네가 책임지는 거야!

청춘은 특별해

청춘은 특별해.
청춘은 항상 성공.
실패는 잊어버리면 되고, 아픔은 금방 지나가고
미래는 바로 나의 것
청년아!
청춘의 신비를 노래하고 청춘을 찬미하라.
청춘아!
아프다고 칭얼대지 마.
아픔이 있으면 보상이 있지.
청춘은 마법이야.
어느 때라도 백지로 시작할 수 있고
어느 때라도 돌아갈 수 있어.
일어나라,
그리고 뛰어라.

너희들은 참 좋겠다

청춘아
너희들은 좋겠다.
항상 기대할 수 있고, 항상 설레일 수 있으니
참 좋겠다.
네 인생에
앞으로 무슨 일이 일어날지
누가 네 인생의 친구가 될지
네가 무엇을 할지, 무엇이 될지
모두 신비야.
청춘아,
너희들은 좋겠다.
하늘과 땅이라도 담을 수 있는
청춘을 가지고 있으니
참 좋겠다.
아무리 넘어져도 일어나면 되고,
몇 번 거덜나도 또 시작하면 되니
너희들은 항상 부자야.
오늘이 너의 청춘임을 잊지 마라.
오늘은 카나리아처럼 노래만 해!
오늘은 술 마시고 밥 먹고 놀기만 해.
너희들은 참 좋겠다.
모든 것을 잃어도
모든 것을 얻을 수 있는 청춘이기에.

우리 잔을 높이 들자

형제들아.
우리 잔을 높이 들자.
오늘 춥고 배고프고
내일이 보이지 않을지라도
축배의 잔을 높이 들자.
이것이
청춘의 특권임을
우리는 알고 있기에
지금은 노래 부르며 춤을 추자.

청춘으로 아픔을 이기라

청년들아,
너희들은 아픈 사람이다.
그래도
아픈 마음으로 세상을 사랑하며,
아픈 가슴으로 세상을 품으라.
신이 청춘을 시기하여 아픔을 주었으니
청춘으로 아픔을 이기고
축배를 들자.

청춘아, 불꽃이 되어라

청춘아
너희는 불꽃이 되라.
아름다운 불꽃,
타협하지 않는 불꽃,
너를 태워
세상을 밝히는
불꽃이 되어라.

우리가 사는 삶의 터전이 따뜻하면 생명이 용솟음한다

따뜻한 봄기운이
대지 위를 감싸면
땅속의 잠든 생명들이 꿈틀거리기 시작한다.
그리고
단단한 지표면을 뚫고 여린 식물들이 올라오고
깊은 잠에 빠진 생물들이 세상으로 나온다.
그렇다.
우리가 사는 삶의 터전이 따뜻하면 생명이 용솟음한다.
너의 집을 따뜻하게 하라.
너의 학교를 따뜻하게 하라.
대한민국을 따뜻하게 하라.

청년리더십

청년들아.
너는 세상의 기쁨이 되고 자랑이 되도록
다음 3가지를 준비하라
1. 영혼의 간절함
2. 세상을 보는 아픈 눈
3. 적극적이고 긍정적인 마음

청년들아, 뜻을 세우고 깃발을 들어라

따뜻한 나라
대한민국이 살 수 있는 유일한 길
우리나라를 따뜻하게 하라.
그리하면
가난한 자들도 힘을 얻어 부자가 되고,
소외된 자도 큰 소리 치며,
억울하고 아픈 자도 살만한 나라가 되며
연약한 생명들이 따뜻한 세상을 만나
어깨동무하며 대로를 행진 하리라.
우렁찬 깃발의 대열이 우리 앞에 보인다.
우리 함께 따뜻한 세상을 일으키자.

청년들아!
너희들이 이를 위하여 부르심을 받았으니
뜻을 세우고 깃발을 들어라.

아픔이 지나간 자리에서 만이~

세찬 바람이 지나간 대지 위에
평온이 찾아오고
폭우가 한바탕 지나간 지면 위에
생명의 싹이 트는 것을 보아라.
아픔이 지나간 곳에서
희망을 만난다.
아픔이 지나간 자리에서 만이
우리의 영혼은 날갯짓 한다.

청년실업, 청년취업

청년의 일자리를 노년이 어떻게 만들 수 있을까?
청년의 일자리는 청년이 만들 수 있다.
자신이 일할 공간은 자신만이 안다.

청년들아 너희들의 세상을 만들어라.
거기서 하고 싶은 모든 것을 하라.
그리고 누구도 원망하지 말고
누구에게도 기대하지 말고
모든 것을 네가 책임지라.
그리고 네 안에서 즐거움을 찾으라.

청년아 돈과 열애하라

청년아. 돈과 열애하라.

인간의 행복은 눈과 입에 있다.

사람은 눈과 입이 행복하면 불행을 느끼지 않는다.

산업화시대에는 보고 듣는 것이 없기 때문에 우리의 눈과 입은 유혹을 받지 않고 살았다. 그러나 현재 대한민국은 세계에서 가장 빠른 통신망을 가진 정보지식산업의 중심으로서 아침에 눈을 뜨면 종일 손안의 핸드폰에서 세상의 모든 것들이 보이고 검색된다.

우리는 엄청난 육신과 안목의 유혹에 사로 잡혀있다. 그러나 대부분 청년들은 유혹들을 감당할 돈이 없다. 세상에서 가장 놀고 먹기 좋은 일들이 눈앞에서 전개 되지만 그것을 누릴만한 여유도 없을뿐아니라 연예인이나 스포츠맨 그리고 청년사업가들 같이 잘나가는 사람들을 보며 상대적 빈곤감으로 화가 나고 우울해지며 불행하게 된다. 그래서 정보지식화 세상에서는 돈이 있어야 한다. 돈 없으면 행복할 수 없다. 그 많은 유혹을 맛볼 수는 없지만 돈이 있으면 언제라도 가능하기 때문에 불행하지 않다.

청년들아 행복해야 한다. 그러기 위해 돈을 많이 벌어라.

그리고 돈이 너를 떠나지 않도록 돈과 열애하라.

청년이 정보 안에 있다

지금은 정보지식사회.

정보 안에 청년이 있고, 청년 안에 정보가 있다.

정보사회에서는

정보를 알고, 정보를 이해하고, 정보를 이길줄 아는 청년이 정보사회의 주인이다.

청년이 세상의 중심이다

청년의 손 안에
또 다른 영리한 청년이 하나 있다.
그리고 청년의 손이 되고, 발이 되고 눈이 된다.
영리한 청년은 아침에는 나를 깨우고, 오늘 할 일을 알려 주고, 오늘 날씨를 말해 준다.
영리한 청년이 가지고 온 음식을 먹고 내가 입을 옷을 찾아 준다.
영리한 청년은 오늘 나의 컨디션을 미리 알고 조심하라고 경고한다.

오늘 청년의 손 안에
또 다른 영리한 청년이 하나 있다.
청년이 그 안에, 그가 청년 안에 있다. 청년과 떨어질 수 없는 운명이다.

10년이 지나 청년은 이제 노인이 되었다.
노인의 손 안에는 예전의 영리한 청년이 있지만
지금은 쓸모가 없다

세상은 급변한다.
급변의 중심에 항상 청년이 있다.

청년이 세상의 중심이다.
청년아 세상을 다스리라.

청년아, 승리의 성산이 눈앞에 보인다

사랑하는 청년들아.
세상에서 어떤 일들을 만나든지
멈추지 말고, 주저앉지 마라.
청춘은 전진하는 군대요. 휘날리는 깃발
누가 군대를 막으며
누가 승리의 깃발을 꺾을 수 있겠느냐?
청춘은 신이 내린 선물이니
청춘을 노래하며
돌아보지 말고 전진하라. 승리의 성산이 눈앞에 보인다.

이 시대의 청년은 돈이 없으면 불행하다. 그런데 청년들은 돈을 모른다. 모르기 때문에 돈을 가까이 할 수 없고 돈을 가질 수 도 없다. 결국 청년들은 돈 없는 불행을 안고 무덤까지 가게 된다.

청년부자공화국은 청년들에게 돈을 가르치고 돈을 버는 정신, 능력, 방법 그리고 기술을 전수하도록 부자 코칭을 한다. 청년부자공화국의 부자코칭은 100만 청년 부자 코칭, 10만 청년 창업, 1만 부자 코치 양성을 목표로 대한민국이 청년부자공화국이 되는 날까지 주어진 사명을 다할 것이다.

청년부자공화국

청년 부자 3단계

청년부자 3단계

1단계 : 사악한 둥지를 떠나 가난을 선택하라
2단계 : 돈과 결혼하고 부자 능력으로 충만 하라
3단계 : 창업을 하라

청년부자 서약서
나는 사악한 둥지를 떠나 새사람으로 태어난다
나는 긍정과 적극적 마음으로 충만 하다
나는 부자능력과 부자지식으로 충만 하다
나는 이상과 같이 청년 부자가 되기 위하여 새로운 출발을 서약한다

1단계 : 사악한 둥지를 떠나 가난을 선택하라

너의 안일하고 적당하게 타협하며 별 탈 없이 넘어가려고 하
는 유약(幼弱)함과 무능한 패배의식으로 온갖 술수와 무한한 능

력이 지배하는 이 세상에서 잘 살기는커녕 바로 숨 쉬며 견디기조차 어렵다.

패배의식, 너희 안에 있는 패배의식은 어디서, 어떻게 길들여졌을까? 그것은 너의 집과 학교 그리고 사회와 문화 가운데서 성숙되고 고착되었다. 나는 너의 패배의식과 패배적 운명의 무거운 짐을 지운 집과 학교 그리고 사회와 문화를 악한 둥지라 부른다. 잘 살고 싶은가? 그러면 먼저 네 안에 남은 한 조각의 깡다구만 가지고 악한 둥지(악한 생각과 습관을 키우는 거처)를 떠나 부자로 가는 가난의 길을 선택하라

2단계 : 돈과 결혼하고 부자 능력으로 충만 하라

1. 예전에 둥지를 떠났거나 이제 둥지를 떠난 너희는 지체하지 말고 돈과 사귀어라. 그리고 돈을 열애하고 돈과 결혼하여 너와 직면하는 새롭고도 거친 세상에서 너의 목표를 분명히 부자로 설정하고 부자의 능력을 키워 부자의 길을 가라.

2. 이제 너는 어릴 때부터 악한 둥지에서 길들여온 생각과 습관을 버리고 부자의 능력과 습관으로 충만하라. 다음의 11가지 부자 능력을 숙지하고 습득하라.

1) **창의력** : 경쟁이 치열한 세상에서 살아남을 수 있는 유일한 덕목이다. 없는 길을 만들고, 없는 방법을 찾을 수 있는 창의력은 막강한 생존본능이며 창업의 핵이다.

2) **긍정 마인드** : 긍정의 힘은 사람을 움직이게 하는 믿음이며 성취의 도화선이다.

3) **적극성** : 불가능을 가능케 하는 힘이다. 두드리면 열리고 찾으면 찾는 것이 진리다.

4) IT이해 : IT정보기술 분야의 폭 넓은 이해와 활용에 관한 능력은 사업 필수조건이다. IT의 이해와 활용 능력의 깊이와 넓이는 부의 축적과 비례한다.

5) 디자인 : 현대는 디자인 세상이다. 디자인에 대한 이해와 활용은 상품 판매의 제 1조건이다. 안목의 욕구를 충족시킬 줄 아는 자가 소비자의 마음을 움직인다.

현대는 먼저 보기가 좋아야 한다. 인간도 상품도 외모가 먼저인 세상이다.

6) 마케팅 : 마케팅은 모든 사업의 시작과 끝을 관통하며 모든 과정을 다루는 응용경제학이다. 창의적인 마케팅이 준비되고 탁월한 사람만이 큰 부자가 된다.

7) 경영 : 소자본 사업부터 큰 기업에 이르기까지 경영 마인드로 무장하고 경영 지식을 열심히 공부하고 배우라. 특별히 온라인을 이용한 온라인 경영의 달인이 되라. 단 청년창업에서 법인등록, 세무, 법무, 재무, 노무 분야는 정부지원이 필요하다.

8) 근성 : 물질에 대한 근성은 부자가 될 수 있는 가장 중요한 동물적 본능이다.

인간은 필요를 느껴도 근성이 없으면 얻지 못하며 가진 것도 뺏긴다. 근성은 타고 나지만 고난의 반복이나 초월적 힘 또는 훈련에 의해 형성된다.

9) 가족 : 가족관계가 원만하면 결코 망하지 않으며 큰 어려움을 면할 수 있다.

10) 성실 : 사람, 시간, 일, 돈, 생활, 말에 성실한자는 결코 실패하지 않는다. 그리고 끝까지 살아 남는다. 자신이 성실하지 않으면 창업을 생각하지 마라.

11) 소통력 : 누구와도 소통할 수 있는 그릇이 준비되어야 한다. 지금 세상은 혼자로서는 부자도 행복도 어렵다. 팀원간 협력

과 소통이 있으면 망하지 않는다. 그리고 팀은 폭발력이 있다.

돈 버는 방법

1. 돈과 연애할 자신의 이미지를 메이킹하라.
2. 돈과 결혼하여 서로 열애하라.
3. 내가 잘하는 것이나 내가 좋아하는 것을 찾아라.
4. 돈 버는 일을 지금 시작하라.

돈과 결혼하여 돈을 사랑하라

1) 돈만을 생각하고 돈만을 꿈꾸라.
2) 돈을 절대 놓치지 마라.
3) 돈이 들어오면 잔치를 하고 나가면 굶으라.
4) 돈이 바람 피지 않도록 하라.
5) 돈을 두고 바람 피지 마라.
6) 돈을 아끼고 존중하라.
7) 돈을 소홀히 다루지 마라.
8) 돈을 빌리지도 빌려주지도 마라.
9) 돈과 관계 없는 일에는 관여하지 마라.
10) 돈의 위치를 추적하라.
11) 돈가치에 합당한 명목으로 지출하라.
12) 힘들게 벌어 가볍게 지출하지 마라.
13) 불법 또는 불순하게 지출하지 마라.
14) 남의 돈도 귀하게 여기라.
15) 돈을 사람과 바꾸지 마라.

돈과 결혼 서약

(본인) 나는 당신을 영원히 사랑하겠습니다

  (돈) 나는 당신을 행복하게 해 드리겠습니다

(본인) 나는 바람을 피우지 않겠습니다

  (돈) 나는 당신의 가족을 책임지겠습니다

(본인) 나는 당신을 순수한 연인으로 지키겠습니다

  (돈) 나는 당신의 삶이 자랑스럽도록 하겠습니다

(같이) 우리는 행복한 세상을 위해 태어났습니다

돈을 위하여 싸우는 기술

1. 조직을 만들어라(팀 구성)

2. 구역을 선점하라(아이템)

3. 절대 눈을 감지 마라(근면성실)

4. 자비를 베풀지 마라(근성)

5. 먼저 머리를 쓰고 행동하라(근성)

6. 누구도 두려워 마라(근성)

7. 끝까지 가라(근성)

3단계 : 창업을 하라

1. 부자의 능력으로 무장된 청년들아, 이제 힘있는 〈갑〉의 그늘에서 던져주는 몇 푼의 연봉으로 만족하는 노예의 근성에서 벗어나 네가 〈갑〉이 되어 네 자신의 인생을 살 수 있도록 너의 일을 창업하라.

2. 일반음식점, 레스토랑, 커피숍, 야간 운전, 편의점, 지하 주차장, 거리 매장 그리고 핸드폰 판매는 네 부모님이나 할아버지 할머니들이 노후 용돈을 쓸 수 있도록 그들에게 자리를 내 드려라. 너희들이 그런 자리에 있는 것은 보기도 좋지 않고 노인빈곤의 가장 큰 원인이 된다. 그리고 공무원이나 교사, 대기업 취업은 두 번 해보고 안 되면 내 일이 아니라 생각하고 마음을 바꾸어라. 내 생각으로 대기업이야 말로 3D 업종 - Dirty, 갑질 쓸을 보니 더러워서 일하기 싫고, Difficult, 개인 생활도 가족과의 좋은 시간도 어렵고, Dangerous, 그나마 언제 어떻게 쫓겨날지 위험한 업종 - 이다.

3. 청년은 돈을 벌 수 있는 많은 무기를 가지고 있다. 무기를 사용해라. 머리는 지금 50대 이상 되는 어른들에게 없는 ICT를 활용해라. 사업과 고객, 제품과 고객을 연결하는 인터넷 하나만 운영해도 할 일은 많고 부자도 쉽다. 그리고 발이 빠르니 먹자골목이나 번화가를 찾아 발품을 팔면 젊은 머리와 연결해서 무엇이라도 일거리가 있다. 손은 이미 모바일로 훈련되었으니 모바일 마케팅을 필요로 하는 사람이나 사업을 도와주고 또 네 것을 판다면 청년부자는 시간문제다.

청년들아, 네가 가진 것을 찾아 활용하라. 또 네 생각을 사용하라. 평소 엉뚱한 생각을 많이 하지 않니? 그것이 차별화야. 그것이 돈이야. 요즈음은 무언가 다르지 않으면 아무것도 안 되는 세상이지. 네들의 머리 안에 말도 안 되는 생각들이 많이 있거든. 그중에는 좋은 게 많아. 대가리만 굴려도 앉아서 먹고 놀 수 있지. 그리고 네 자신의 눈을 보아라. 얼마나 순진하고 정의로운 눈이냐? 맑은 너의 눈으로 사람들을 쳐다보며 할 말을 해봐. 모두가 네 말을 듣고 믿을 거야. 네 눈빛으로 세상을 희롱하라. 네 안에 있는 마법 같은 무기들을 그대로 두고 편의점이나 식당에서 몇 푼 받으며 노인들이 할 일을 하고 있는 너희들이 한심하다.

서비스 창업 프로세스

1. 아이템 단계: 사업 아이템을 찾아 개인능력평가(용량, 기호, 전문)와 사업성(시장성, 안전성, 차별성, 접근성)을 예측하고 SWOT 분석을 하라.

사업 아이템 찾기는 다음과 같이 생각하면 쉽다.

A. 일반적으로 아이템 찾기
    1) 내 것을 팔아라. 내 것은?
    : 제품 판매, 서비스업, 지식 컨설티칭업
    2) 남의 것을 팔아라. 남의 것은?
    : 제품유통, 서비스업 고객유치, 통합 마케팅 중 일부
    담당, 대행
    3) 나의 전문과 너의 전문을 융합한 사업
    : 경영+마케팅= 프랜차이즈업.
    웹 프로그래머+디자이너=온라인 홍보업
    웹 디자인+무역= 해외 직구 쇼핑몰
    식품영양+영상= 요리 컨설티칭업 등등
    4) 청년의 IT를 이용한 새로운 사업

: 음식점, 커피숍의 고객서비스, 고객유치, 홍보.
미용실과 피부과의 고객유치. 패션업의 모바일 홍보.
휘트니스 체육관의 모바일홍보 및 고객유치 등등

B. 고객 중심으로 창업 아이템을 찾는 3단계
1단계 : 고객은 누구? 개인? 자영업? 기업?
　　　연령, 성별, 직업, 업종, 취미, 관심 등 좁힐수록 좋다
2단계 : 고객은 무엇을 원하는가? 고객기업의 목표가 무엇?
　　　고객유치, 영업, 판매, 홍보, 마케팅, 코칭(컨설팅칭)
3단계 : 고객이 원하는 것을 혁신적으로 어떻게 해 줄 것인가?
　　　ICT활용, 온라인 마케팅, 책자, 세미나, 코칭(컨설팅칭)

C. 나 중심으로 사업 아이템 찾기
　1단계 : 내 것(전공. 잘하는 것. 좋아하는 것)으로 누구(개인 또는 사업자)를 도울 수 있는가? 내 것과 관련된 고객의 리스트를 연결시킨다.
　2단계 : 각각의 리스트 옆에 어떻게 도울 수 있는가를 구체적으로 정리한다.
　3단계 : 각 리스트를 구체적으로 평가(개인과의 적합성). 사업성 평가. SWOT(분석)하고 고객 만족도가 극대화 될 수 있는 아이템을 선정한다.

　2. **팀 결성 단계** : 사업에 필요한 분야별 사람들과 팀을 만들어 일하라.

　3. **사업계획**(5W 1H)과 **목표수립 단계** : 고객과 고객 수 중심의 목표를 수립한다.

4. 마케팅계획단계

1) R 시장 조사(research)

2) STP=시장세분화(Segmentation). 표적시장 설정(Targeting), 포지셔닝(Positioning)

3) SMM = 서비스 마케팅 믹스

①서비스 제품 S.Product : 브랜드, 사람, 증거, 과정, 디자인, 질

②가격Price : 시점, 미래예측 그리고 전략적 가격 결정 (패키지, 이벤트, 사은)

③경로, 마케팅 경로Place : 대량 커뮤니케이션 (광고, 판촉, 행사, 출판)과 인적 커뮤니케이션(영업, 구전)

④매출 다변화Pluralistic : 코칭업(컨설티칭), 프랜차이즈업 (온, 무점포)

4) Simulation 창업 시뮬레이션: 창업 배틀에서 인증을 받는다.

5. 창업 실행과 통제 (Control) - 피드백을 얻고, 결과를 평가하며, STP 전략이나 마케팅믹스 전술을 수정 또는 개선한다.

청년들이 컴퓨터 하나로
기존의 IT 없는 서비스업을 살리는 New Jobs

기존서비스업	IT를 활용한 청년창업
식당(주점, 고기, 횟집, 일반) 커피숍	온라인 홍보+온라인 예약 고객유치를 위한 고객관리 (회원관리, CRM) 마케팅 컨설팅
병원(성형, 피부, 치과, 한의원) 뷰티업(미용, 피부관리실)	온라인 홍보+온라인 예약 고객유치를 위한 고객관리 (회원관리, CRM) 온라인 고객만족센터 운영 프랜차이즈 마케팅 컨설팅
옷, 패션가게(동네)	온라인 홍보 프랜차이즈 홍보 마케팅 컨설팅
학원 (입시, 부동산, 미용, 간호, 외국어)	온라인 홍보+온라인 예약 고객유치를 위한 고객관리 (회원관리, CRM) 학원가 네트워크 홍보 마케팅 컨설팅
체육관 (태권도, 복싱, 헬스, 골프, 요가)	온라인 홍보+온라인 예약 고객유치를 위한 고객관리 (회원관리, CRM) 마케팅 컨설팅

청년들이 돈 한 푼 없이 팀플레이로 부자 되는 New Jobs

창업을 위한 융합팀Team 만들기			
나의 전공	융합할 전공		
경영	마케팅	IT 프로그래머	외국어(영어, 중국)
사무, 비서	마케팅	디자인	외국어(영어, 중국)
마케팅광고	디자인	IT 프로그래머	외국어(영어, 중국)
홍보, PR	IT 프로그래머	디자인	외국어(영어, 중국)
무역	외국어 능통	IT 프로그래머	디자인
유통	IT 프로그래머	디자인	
서비스영업	마케팅	IT 프로그래머	경영
광고영업	마케팅	IT 프로그래머	경영
부동산	경영	IT 프로그래머	디자인
※ 대부분 융합팀은 마케팅업, 코칭업(컨설팅칭업), 프랜차이즈업, 홍보업, 고객 유치업, 쇼핑몰 창업이 가능하다.			

창업을 위한 융합팀Team 만들기			
나의 전공	융합할 전공		
외국어전공	마케팅	IT 프로그래머	디자인
의사, 약사	마케팅	경영	IT 프로그래머
뷰티미용	마케팅	IT 프로그래머	디자인, 촬영편집
스포츠	마케팅	IT 프로그래머	디자인, 촬영편집
요리	마케팅	IT 프로그래머	디자인, 촬영편집
식품영양	마케팅	IT 프로그래머	디자인, 촬영편집
제과제빵	마케팅	IT 프로그래머	디자인, 촬영편집
PD	마케팅	경영	IT 프로그램
아나운서	마케팅	경영	
카메라촬영	마케팅	디자인	경영
기자	마케팅	영상, 카메라촬영	경영
작가	마케팅	IT 프로그램	경영
음악(성악)	마케팅	경영	
음악(기악)	마케팅	경영	
카피라이터	마케팅	경영	
※ 대부분 융합팀은 마케팅업, 코칭업(컨설팅칭업), 프랜차이즈업, 홍보업, 고객 유치업, 쇼핑몰 창업이 가능하다.			

나의 전공에 한 가지 더 추가하면 대박 나는 분야

디자인 X 2배	경영 X 5배
IT 분야 X 10배	프랜차이즈 X 10배
마케팅 X 10배	식품영양요리 X 10배
외국어 X 10배	코칭(컨설팅, 티칭) X 10배

김밥 한가지로 돈 벌 수 있는 수많은 아이템

소매업	특화된 브랜드의 김밥장사 (칼로리김밥. 다이어트 김밥. 힘내라 김밥. 성형김밥)
도매업	단체 주문. 온라인 주문 수입
기술교육 컨설팅	김밥제조의 노하우를 가르치는 기술교육 컨설팅
기술교육 티칭업	일반인 대상의 김밥제조를 가르치는 세미나 개최
홍보, 마케팅업	전국의 김밥 사업자의 마케팅, 홍보, 고객관리
프랜차이즈업	전국 체인으로 공동홍보, 공동 마케팅, 고객유치, 브랜드 가치 창출
재료판매	특별한 노하우의 재료 판매

가장 쉽게, 돈을 많이 벌 수 있는 커피숍

가장 쉽게 돈을 많이 버는 완전한 이유	1. 수요와 공급이 많다. 차 마시는 사람도 많고 커피숍도 많다는 것은 특별한 차별화와 세분화가 먹힌다는 것을 의미한다. 2. 마케팅이 특별히 쉽다. 3. 수입 다변화로 수입의 극대화가 쉽다.
커피숍 운영	특화된 브랜드와 컨셉으로 승부하며 단체 주문. 온라인 주문 그리고 다양한 이벤트의 활성화로 수입을 극대화한다.
기술교육 컨설팅	커피제조의 노하우를 가르치는 기술교육컨설팅
기술교육 티칭	일반인 대상의 커피제조를 가르치는 세미나 개최로 홍보의 극대화
프랜차이즈	프랜차이즈화로 전국 및 글로벌화
재료판매	특별한 노하우의 재료 판매

정말 쉽게, 돈을 많이 벌 수 있는 음식점

정말 쉽게 돈을 많이 버는 완전한 이유	1. 수요와 공급이 많다. 외식하는 사람도 많고 식당도 많다는 것은 특별한 차별화와 세분화가 먹힌다는 것을 의미한다. 2. 마케팅이 특별히 쉽다.
음식점 운영	특화된 브랜드와 컨셉으로 승부하며 단체 주문과 서비스를 특화하여 수입을 극대화 한다.
기술교육 티칭	일반인 대상의 조리법을 가르치는 세미나로 홍보와 부가적 소득
프랜차이즈	프랜차이즈화로 전국화 사업
음식점 마케팅	전국의 음식점을 특화와 세분화로 나누어 홍보하는 온라인 마케팅.

청년부자공화국

신사주, 돈 되는 부자사주

1. 신사주(新四柱)의 정의와 목적

: 신사주는 개인과 공동체의 네 가지 성향(적극, 소극, 긍정, 부정)을 동서남북 4방향으로 표시하여 2개 성향(적극/소극과 긍정/부정)의 조합이 위치한 좌표를 의미하며, 이에 따라 개인과 공동체의 부자운명을 예측하고 불운의 좌표를 행운의 좌표로 바꾸는 것이 신사주의 목적이다.

2. 신사주의 결정

: 신사주는 유전과 가족력 그리고 다양한 환경(영적, 생활, 습관)에 의해 형성되며 변화가 가능하다. 청년부자공화국의 부자훈련에서 신사주의 좌표 변화가 가장 중요한 포인트다.

　1)긍정: 본성이 빛이다.

　2)부정: 본성이 어두움이다

　3)적극: 본성이 하늘이다

4)소극: 본성이 땅(무덤)이다

3. 행운의 신사주를 자신의 현실에 적용하며 살아야 한다

1) 모든 사람들이 잘살기 위하여 노력을 하지만 대부분 우리가 원하지 않은 결과로 나타난다.

그렇다. 인간의 운명은 인간이 원하는 방향으로도, 노력하는 방향으로도 가지 않으며 오직 개인의 내재된 4가지 성향 즉 Positive character(긍정), Negative character(부정), Active character(적극), Passive character(소극)의 정도와 성향의 조합에 의하여 결정된다.

또한 신사주는 운명적 공동체(가정, 사회, 국가)에도 개인과 동일하게 적용된다.

2) 인간과 공동체의 운명은 내재된 신사주를 알면 장래의 운명을 예측할 수 있으며 행운의 좌표로 운명을 이동시킬 수 있다.

3) 우리는 잘살기 위하여 노력도 중요하지만 노력보다 먼저 행운의 좌표로 자신의 좌표를 설정하는〈자기 혁신〉을 해야 한다.

4. 신사주 좌표의 간단한해독

: 신사주는 긍정, 부정, 적극, 소극의 4방향이 이루는 조합의 좌표로 나타난다.

4방향은 중앙 제로점에서 화살표 방향으로 갈수록 수치가 올라간다.

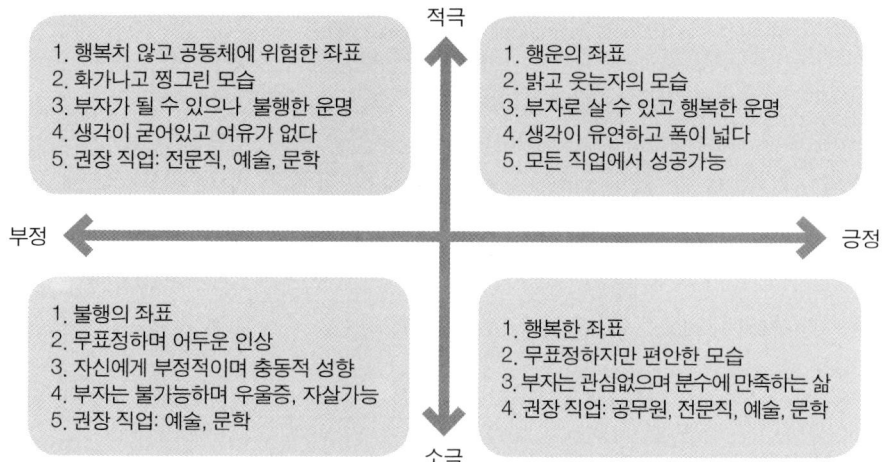

5. 신사주는 가로 방향과 세로 방향의 극단적인 두 가지 성향으로 구성되며 긍정-부정과 적극-소극의 두 가지분석 표는 10개의 항목과 +와 - 각각 3등급이 있다.

가로 분석표 (긍정과 부정의 성향) (예문)

긍정성향 등급			10가지 분석항목	부정성향 등급		
매우 +3	많이 +2	조금 +1		조금 -1	많이 -2	매우 -3
			잘 웃는 표정이다	O		
		O	마음이 편안한 편이다			
	O		생각이 긍정적이다			
		O	남을 믿는 편이다			
O			매사에 건설적이다			
O			사람을 좋아한다			
		O	사람들이 나를 좋아한다			
	O		남의 입장을 생각한다			
		O	성격이 밝다			
	O		타인의 말에 긍정적이다			
2	3	4	**성향등급 합계**	1		
위의 긍정과 부정에 해당하는 10가지 항목의 합계 중 가장 많은 성향과 등급을 표시한다. → 긍정 +1						

세로 분석표 (적극과 소극의 성향) (예문)

적극성향 등급			10가지 분석항목	소극성향 등급		
매우 +3	많이 +2	조금 +1		조금 -1	많이 -2	매우 -3
O			적극적 성격이다			
		O	열광적이다			
			집중을 잘한다	O		
	O		활동적이다			
	O		행동이 앞선다			
	O		항상 바쁜 편이다			
	O		운동을 좋아한다			
		O	부지런하다			
	O		정열적으로 일한다			
	O		능동적이다			
1	6	2	**성향등급 합계**	1	0	0

위의 적극과 소극에 해당하는 10가지 항복의 합계 중 가상 낳은 성향과 등급을 표시한나.
→ 적극 +2

※ 예문의 신사주 : 긍정 +1과 적극 +2가 만나는 좌표

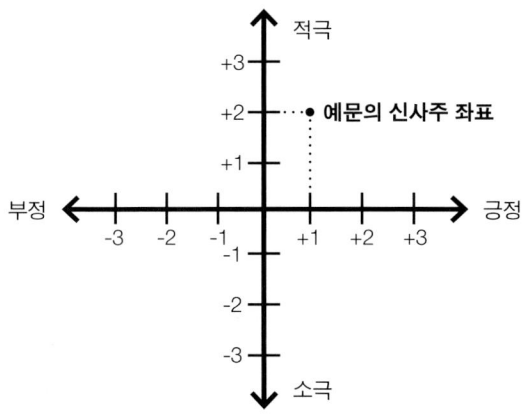

신사주의 행복지수 & 부자성공지수

	-3	-2	-1	적극	-1	-2	-3	
가해 타살 테러	부정적이고 공격적 생각의 폭발, 분노, 폭력, 파괴, 사회적 범죄, 이단				생각과 행동이 앞서므로 실패. 새로운 일을 자주 시도하며 실패를 거듭한다.			봉사 희생 성자
이기적 회의적 · 저항 비판 부적응 불순 분자 사기	행복:0 부자:0 불평. 불만 원망 분노	행복:0 부자:0	행복:1 부자:1	+3	행복:7 부자:6	행복:8 부자:7	행복:9 부자:5	감사 기쁨 행복 평화 그러나 마음이 우유 부단 함으로 실패
		행복:0 부자:0	행복:3 부자:3	+2	행복:8 부자:8	행복:9 부자:9	행복:10 부자:7	
		행복:0 부자:0	행복:2 부자:2	+1	행복:7 부자:6	행복:8 부자:6	행복:9 부자:6	

부정	-3	-2	-1	0	-1	-2	-3	긍정

	-3	-2	-1	소극	-1	-2	-3	
원망 좌절 음모 모략 인간 관계 불능 질병	행복:0 부자:0 위험지수 높음	행복:0 부자:0	행복:1 부자:1	+1	행복:5 부자:3	행복:6 부자:3	행복:7 부자:3	무골 호인 현실 도피 무능
		행복:0 부자:0		+2	행복:5 부자:1	행복:6 부자:1	행복:7 부자:1	
	행복:0 부자:0			+3	행복:5 부자:0	행복:6 부자:0	행복:7 부자:0	
자해 자살 충동 살인	무능, 태만, 침체, 우울, 의기소침, 무기력, 상실감, 자포자기, 사회적응 불가, 정신병, 질병				무능, 태만, 침체, 우울, 의기소침, 무기력, 상실감, 자포자기, 사회적응 불가, 정신병, 질병			자폐 자연인

신사주 좌표의 해석과 처방

1.가정에서 가족을 불편하게하고 힘들게 하는 성향이기 때문에 부모는 자식과 같이 있지 말고, 부부도 때로는 이혼하는 편이 좋다. 2.직장에서는 직장의 평안을 해치고 직장에 대한 불평과 불만으로 회사에 도움을 주지 못하며 동료에게도 나쁜 영향을 미친다. 그러므로 가능하면 혼자 할 수 있는 일을 하는 편이 좋다. 〈처방〉 1.긍정의 좌표로 옮겨야 한다. 2.좋은 신앙이 필요하다 3.인간적 환경에 적응하기 어려우니 자신을 비우고 죽이는 습관을 갖도록 해야 한다 4.음주습관은 상황을 악화시킬 것이니 술은 설주힘이 좋으며 육식을 최소화하고 채식위주의 소식을 하도록 하며 가벼운 운동을 습관화 하라. 5. 인간관계가 나쁜 것은 당신 탓이다	1.신사주가 좋으며 건강한 에너지를 가지고 있다. 2.가정은 화목하며 가족은 행복을 느끼고 자녀는 부모에게 순종하며 부부는 서로 사랑하고 존경한다. 3. 결혼하면 좋은 가정을 이룰 수 있는 신사주이지만 경제적 개념이 많이 부족할 가능성이 있으니 무엇보다 물질에 대한 욕심을 갖도록 애쓰고 부자가 되었으면 관리를 잘하도록 하라. 특별히 재물에 관한 지식과 정보에 관심을 갖도록 하라 〈처방〉 1.가정이나 공동체에서 쉽게 상처를 받는 성격이므로 항상 좋은 사람을 가까이 하라. 2.좋은 신사주이지만 유혹에 약하고 무절제 할 수 있으니 절제함을 애쓰고 생각을 깊이 하는 지혜가 필요하디. 3.적극이든 긍정이든 +3은 지나친 치수이다. 그러므로 정도가 적절하도록 자신을 다스리도록 하라.

1.자신을 고립하고 자신을 위험에 빠트리는 위험한 성향이다. 심하면 우울증, 자살의 위험이 있으므로 이 운명의 좌표에서 속히 탈출하라. 2.고기와 영양공급을 충분히 섭취하고 습관적으로 운동을 하여 심신의 에너지를 높이라. 3.좋은 친구와 좋은 이웃을 가까이 사귀라. 4.당신이 부모라면 자식들은 일찍 내보내서 생활하도록 하라. 만일 당신이 미혼이라면 현재 상태에서 결혼은 절대 하지 마라. 〈처방〉 1.긍정과 적극의 좌표로 신속히 이동하라. 2.좋은 신앙이 절대적으로 필요하다.	1.발전성이 없는 무기력한 성향이다. 단, 옆사람을 해치거나 불편하게 하지 않지만 가정을 화목케하지는 못한다. 있어도 무방, 없어도 관계없는 사람이 되기 쉬우니 지금보다 매사에 적극적인 사람이 되도록 하라. 2.고기와 영양공급을 충분히 섭취하고 습관적으로 운동을 하여 심신의 에너지를 높이라. 3.가능한 많은 사람들과 어울리고 봉사활동을 하라. 4.긍정적이고 적극적인 사람과 사귀라. 〈처방〉 1.적극의 좌표로 옮겨라. 2.종교활동과 단체활동에 참여하라.

청년부자공화국

청년부자공화국 생활수칙
청년부자공화국 사명선언문
청춘교독문

청년부자공화국 생활수칙

부모	* 부모에게 순종하고 화내지 마라. * 만일 멀리 떨어진 부모라면 하루에 한번 안부 인사를 하라. * 연로한 부모이거나 무능한 부모라면 자신은 한 끼를 먹을지라도 부모를 굶기지 말고 따뜻하게 모시고 소홀히 대하지 마라.
형제	* 항상 대화하고 화내지 마라. * 돈 거래를 하지 마라. * 만일 형제가 형제의 의를 저버리면 너는 형제와의 인연을 끊어라.
스승	* 스승을 공경하라. 만일 스승이 실수하면 관용하라. * 스승을 잊지 말고 정기적으로 안부를 묻거나 인사하라.
친구	* 의리를 지키라 * 친구가 불의하면 너는 친구와의 인연을 끊어라. * 친구와 돈 거래를 하지 마라.
이웃	* 예의를 지켜라. * 약속을 지키라. * 뒷담화를 하지 마라. * 항상 밝은 얼굴로 대하라.
상관	* 상관에게 복종하라. * 상관이 대인이면 충신이 되고 소인이면 간신이 되라.
부부	* 남편은 아내를 이해하고 사랑하라. * 아내는 남편을 이해하고 존경하라. * 상대의 말에 긍정하고 토를 달지 마라. * 강요하거나 가르치려고 하지 마라. * 자기 중심으로 대하지 마라. * 무슨 일이든 불평, 불만, 원망의 말을 하지 마라. * 제 삼자를 비난하거나 비하하는 말을 하지 마라. * 하루 중에도 출근하거나 귀가할 때 서로에게 존경과 사랑의 기분 좋은 말을 하라. * 침실에서는 심각한 이야기나 남의 말을 하지 말고 서로에게 좋은 말만 하라.

인맥 관리	* 불의한 인맥은 버리고 의로운 인맥을 관리하라. * 약속을 천금보다 귀하게 지키라. * 나에게 중요한 사람. 나에게 필요한 사람 그리고 내가 도와주어야 할 사람의 파일을 정성껏 관리하라
이성	* 이성에게는 최대의 예의를 지키라. * 이성을 유혹하는 성적 언행을 삼가라. * 여자는 남자를 존경하고, 남자는 여자를 배려하라. * 이성과는 개인적으로 취할 정도의 음주를 삼가라.
결혼	* 결혼은 대박 아니면 쪽박나는 사업이니 다양한 각도에서 신중하게 검토하라. * 결혼전 〈결혼동업계약서〉에 서명하고 경제적 보장 없이 결혼하지 마라. * 결혼 전 〈건강진단서〉를 확인하고 건강한 상태에서 만이 결혼하라. * 자신을 희생하는 결혼을 하지 마라. * 결혼 대상자는 부모의 돈이 안에서 자신이 선택하라. * 양가 중 한쪽에서라도 반대하는 결혼은 충분히 고려하고 서두르지 마라.
모임	* 바른 자세로 참여하며 예의를 지키라. * 혼자 말하지 말고 듣기를 좋아하라. * 다른 사람의 대화를 존중하고 긍정으로 응대하라. * 아는 지식을 내세우지 마라. * 네 생각을 앞세우거나 고집부리지 마라.
식당	* 큰소리로 웃거나 말하지 마라. * 식당의 직원이 어릴지라도 존대하라
대중 교통	* 의자에 앉아 있을 때 다리를 벌리지 말고 앞으로 뻗지 마라. * 항상 나보다 노약자에게 그리고 남자는 여자에게 자리를 양보하라
공중 화장실	* 화장실을 깨끗이 사용하라. * 남자와 여자는 소변을 보거나 화장실을 사용한 후 꼭 손을 씻어라.

몸관리	* 식사: 밥은 급하게 먹지 않고 과식하지 않으며 야식을 금한다. 건강에 좋지 않은 것으로 알려진 음식은 먹지 마라. 음식은 소리 내 먹지 마라. * 음주. 담배: 술은 취하지 않을 정도까지만 마시고 금연하라. * 수면: 밤12시 이전에 자고 아침 7시 이전에 일어나라. * 목욕, 양치: 목욕은 가능하면 매일 하고 식후마다 양치질을 하고 칫실을 사용하라. * 운동: 일주일에 4회 이상 규칙적인 운동을 하라.
의복	* 개성대로 입어라. * 깨끗하게 입어라. * 항상 강한 인상보다 부드러운 인상을 연출하라
표정	* 항상 웃고 편안한 표정을 유지하라 * 상대에게 가장 부드러운 표정을 연출하라
미용 관리	* 헤어스타일, 화장, 안경은 부드럽고 따뜻한 인상으로 코디하라
시간 관리	* 시간 약속을 지키되 항상 10분전에 미리 도착하라. * 옆 사람의 시간을 내 시간처럼 존중하라.
경제 관리	* 돈을 배우고 돈을 알며 돈과 열애하라. 그리고 돈을 다스리라. * 빚지지 마라. 그리고 마지막 방법이 없을 때에만 빌리라 * 빚을 졌으면 갚을 약속을 꼭 지키라. * 돈을 아끼고 불 필요한 일에 낭비하지 마라 * 돈은 항상 지갑에 넣고 귀하게 대하라 * 신용카드는 사용하지 말고 체크카드만을 사용하라. * 통장은 용도(고정 생활비, 용돈, 예비비, 저금, 적금)에 따라 분류하여 관리하고 매월 통장 내역을 확인하라

※청년부자공화국 사명선언문※

하나 : 자신을 혁신한다.

우리는 둥지를 떠나 돈과 열애하는 자아혁신을 열정으로 실행한다

둘 : 자신을 극대화한다.

우리는 우리 안에 내재한 무한한 가능성을 극대화하여 세계적인 청년부자의 반열에 합류한다

셋 : 부모와 사람에게 예를 다한다.

우리는 우리를 낳아주시고 키워주신 부모님을 사랑하며 가까운 이웃과 인류를 향한 긍휼함으로 충만 한다.

※**청춘교독문**※

청춘은
전진하는 군대요, 휘날리는 깃발.
누가 군대를 막으며
누가 승리의 깃발을 꺾을 수 있겠느냐?
청춘은 신이 내린 선물이니
청춘을 노래하며
(다같이)돌아보지 말고 전진하라

가난한 청년을 위한 인생코칭

청춘아 원망하지 마라

청춘아
원망하지 마라.
특별히 가까운 사람을 원망하지 마라.
원망은 저주이니
저주가 너에게도 함께 하리라.
부모를 원망하여 잘되는 자식없고
남편을 원망하여 잘되는 여자없고
목사를 원망하여 잘되는 교인없고
대통령을 원망하여 잘되는 나라없다.

청춘아
원망할 일이 있으면
혼자 소리없이 울어라
그리하면 하늘이 너를 도우리라.

가난한 자 원망이 많고
원망이 많은 자 가난하고.
원망이 깊을수록 가난의 골은 깊어진다.

행복은 관계

행복은 관계이다.
젊을 때는 친구관계가 좋으면 행복하고
결혼 후에는 부부관계가 좋으면 행복하다.

청춘아 들으라.
옆사람과 좋은 관계를 갖는 사람이 행복하다.
가족은 특히 그렇다.
네 집에 차고 넘치는 복이 들어 올 것이다.

행복한 척 해라

청춘아!
행복하고 싶으면
행복한 척 해라.

남이 너에게 웃어 주길 원하면
네가 먼저 웃는 척 해라.

남이 너에게 손 내밀기 원하면

네가 먼저 손을 내밀어라.

현명한 결혼

청년들아.
네가 서로 화목할 수 있는 사람과 결혼하라.
그렇지 않으면 아무리 조건이 좋아도
지나고 보면 죽는 조건일 뿐이야.

우리 아버지는 잘 생긴 의사.
우리 어머니는 소문난 동네 미인.

조건은 완전 대박이지만
화목할 수 없었기에 행복하지 못했다.
결국
아버지는 가난한 의사로
어머니는 가난한 미인으로 살았다.

청년들아.
네가 서로 화목할 수 있는 사람과 결혼하라.

이보다 더 좋은 투자가 어느 세상에 있니?

세상에서 가장 좋은 투자는 부모에게 효도하는 것.
돈이 드니?

힘이 드니?
시간이 필요하니?
평생을 두고
나와 내 자식을 위해 기도하는 부모이니
이보다 더 좋은 투자가 어느 세상에 있니?
부자로 살고 싶으면 먼저 부모님을 기쁘게 하라.

네 동네를 떠나 넓은 세상에서 배워라

청년아, 쓰레기로 가득 한 좁은 네 동네를 떠나
넓은 세상으로 나가 배워라.

하늘을 처다 봐!
태양이 너에게 인생의 진리를 말 할 거야.
밤에는 달을 처다 봐!
한없는 자비와 미소가 너를 성숙하게 할 거구
바람이 너에게 사랑을 가르치고
흐르는 강물은 너에게 인내를 가르치고.
산에 올라가봐
너는 수도승처럼 세상을 초연하게 살 수 있는 힘을 얻을 거고.
또 있지.
삭막한 도시의 뒷길에 나가 봐
기차역 구석에서 웅크리고 있는 노숙자의 모습에서
네가 할 일이 무엇인지 배울 거야.
매일매일 쏟아지는 신문의 정치면을 봐.
애국심을 앞세운 가식의 정치인들로부터

혐오스러움이 무엇인지도 배울 거야.

정말, 청년아.
동네 밖으로 한발자국만 내디디면 배울게 많아.
보고 듣고 배워야 네 영혼이 행복할 거야.
집에서는 사기꾼을 만나기 어렵지만
세상에 나가봐.
사기꾼 천지야.
멀쩡한 얼굴로 입만 가지고 사기 치는 세상에서
한번 당해봐.
작은 수업료로
크게 한번 배울 수 있는 게 청춘의 특권이야.

사랑하는 내 청춘아, 부자가 되도 큰 부자가 되어라.

부모님 생전에 기쁘게 해 드려라

청년들아, 네 부모를 기쁘게 해 드려라.
나는 우리 4남매를 키워주신 어머니의 노고와 사랑을
어머니 생전에는 몰랐다.
나는 어리석고 미련하게 서운한 것들만 기억했다.
어머니를 보내 드리고
어느 날 갑자기 내가 큰 죄인임을 알았다.
나를 키워주시고 나로 인해 걱정이 많으신 어머니.
생전에 단 한번도 어머니를 기쁘게 해 드린 적이 없다.
그리고

어머니는 병원에서 나를 보지 못하시고
숨을 거두셨다.
나는 어머니를 다시 뵐 수 없으니
사죄할 길이 없다.
이것이 나의 씻을 수 없는 아픔이 되었다.
청년들아.
부모님 생전에 기쁘게 해 드려라.
어찌 네 부모의 가난을 네 부모의 죄로만 돌릴 수 있겠느냐?

따뜻한 엄마가 되어라

청춘아.
따뜻한 엄마가 되어라.
따뜻한 엄마가
따뜻한 자녀를 낳고
따뜻한 자녀가 거친 세상을
쉽게 살아간다.
돈도 따뜻한 사람을 좋아한다.

그래서 고난과 역경이 나의 힘이다

나는 본시 약했으나,
아픔으로 강한 자가 되었으니
아픔이 나의 강함이라.

젊은 날 배고픔으로 인하여 강해졌으며,
의지할 사람이 없어 강해졌으며,
돌봐 줄 아버지가 일찍 돌아가셔서 강해졌으며,
뒤를 봐주는 자가 없어 강해졌으며,
가까운 친지로부터 외면당함으로 강해졌으며,
나를 시기하는 동료들로 인하여 강해졌으며,
나를 이용하고 억울하게 한 자로 인하여 강해졌으며,
여러 차례 사업에 실패함으로 강해졌으며,
높은 이자를 받는 고리대금업자에 의하여 강해졌으며,
나에게 부당한 대우를 하는 사람들로 인하여 강해졌으며,
나를 누르려고 하는 자들로 인하여 강해졌다.
그래서 고난과 역경이 나의 힘이다.

희망을 부추기라

가족은 서로 희망을 부추기며 살아라.
원망을 부추기면 쪽박을 차고
희망을 부추기면 대박이 난다.
네가 할 일이 무엇인지 생각하라.
청년아!
아플 때 너보다 더 아픈 자를 생각하고
외로울 때 너보다 더 외로운 자를 생각하라.

슬플 때 너보다 더 슬픈 자를 생각하고
절망할 때 절망의 끝자락에 서있는 자를 생각하라.
그리고 네가 할 일이 무엇인지 생각하라.

그리고 가난한 사람을 돕는 자가 되라.

청춘아! 많이 아프니?

청춘아!
많이 아프니?
그래도 견디어라.
너를 위해 기도하고 있는 사람을 생각하여 견디어라.
많이 아프니?
그래도 일어나라.
너를 사랑하는 사람을 위하여 죽을힘을 다해 일어나라.
그리고 부자가 되어
너를 위해 기도하는 사람에게 따뜻한 밥 한그릇을 사라.

끝까지 가라. 그래도 힘들면 그냥 가라

청춘아!
너 울고 있니?
왜 울고 있는 거야?
뭐가 힘드니?
다 버려!
그래도 남는 장사야.
힘들고 아프다고 네 청춘과 절대 바꾸지 마!
네 청춘은 한번 가면 되돌릴 수 없으니 청춘과 도박 하지 마!
먹을 것이 없어 배가 고프니?

배가 고프면 그냥 굶어.

마음이 아프니?

그냥 아파해!

아픔으로 아픔을 이겨봐.

많이 외롭니? 그냥 외로워 해!

네 안에서 너와 지내봐.

네가 아무리 힘들어도

청춘과 도박하지 말고

끝까지 가라.

그래도 힘들면 그냥 가라.

때가 되면 따뜻한 밥을 먹을 것이다.

청년들아. 더 많이 불안 하라

청년들아.

더 많이 불안 하라.

불안의 물에 불안의 밥을 말아 먹고 마셔라.

불안의 마지막 밤을 지나면 진리가 보일지니

진리가 너희를 자유케 하리라.

나이 들어 어느 날 갑자기

불안이 찾아오면 어떻게 감당할 수 있겠느냐?

젊은 날 불안으로 불안을 치유하면서 불안의 끝을 보아라.

거기서부터 불안이 없는 자유인생을 시작하라.

결혼은 너희들이 알아서 해

청년들아!
결혼은 너희들이 알아서 해.
부모 신세지지 마.
세끼 밥 먹고 잠 잘 수 있는 임시거처라도 마련되면 그렇게 시작해.
집 없이도 살 수 있는 면역을 키워.
밥숟가락 하나부터 네가 벌어 사도록 해.
구차하게 살지 마.
없는 부모에게 짐 지우지 말고,
없는 주제에 있는 척하지 말고,
없으면 없는 대로 시자해.
젊은 날의 궁핍이 너를 강하게 하지.
젊은 날의 궁핍을 통해
지혜를 얻고 인내와 겸손을 배워 큰부자가 되어라.

네 영혼에게 물어봐!

청년들아!
네 영혼에게 물어봐!
"너는 행복하니?"

젊은 청년들아!
네 영혼에게 물어봐!
"너에게 무슨 일이 일어나길 바라니?"

누구도 네 인생에 끼어들게 하지마라

청춘아,
하루를 살아도 네 것이니
하루를 살아도 네 인생을 살아라.

하루를 살아도 네가 설계하고
하루를 살아도 네가 실패하고
하루를 살아도 네가 성공해 보라.
그 하루가
바로 너다.

아무리 아파도
네 인생이니
누구도 네 인생에 끼어들게 하지 마라.

표피족들아! 너에게 내일이 있을까?

이 나라가 어쩌다 이렇게 되었을까?
어제는 명동거리, 가로수길, 홍대 앞,
강남역을 그렇게 활보하던 표피 족들이
지금은 다 어디 가고 그들의 표피만이
거리에 뒹굴며, 윈도우에는 찢겨진 연이 되어 걸려 있구나.
그렇게 잘 나가던 표피 족들이
표피를 먹으며, 표피로 즐거워하며
표피로 자랑하고 표피가 그들의 자랑스러운 브랜드가 되었건만

이제 그 잘난 표피는 벗겨진 채
표피의 허무만이 드러나는 구나.
오늘은
그들이 남겨 놓은 표피조각을 모으러 강남역에 나왔다.

너는 너다

사랑하는 청춘들아 너는 너다.
너만의 말을 하고
너만의 길을 가며
너만의 노래를 부르며 살아라.

부모에게는 부모의 길이 있고
자식에게는 자식의 길이 있거늘
너는 어찌하여 부모의 길을 가려 하느냐.
네 길을 가고 네 노래를 부를 때 그것이 네 인생이다.
너는 너다!

행복하고 싶으면

사랑하는 청년들아.
행복하고 싶으면
쉽게 생각하라.
쉽게 살아라.

사람들은
복잡하고, 예민하고, 너무 앞서는 생각을 하기 때문에
불행하다.
그냥 쉽게 생각하고 쉽게 살아라.
그것이 행복이다.
그런 다음에야 네 돈이 들어온다.

가득찬 내 그릇이 행복이다

사람은 자기 그릇을 가지고 태어난다.
큰 그릇, 작은 그릇, 금그릇, 질그릇

사람들은 누구나 큰 그릇과 금그릇을 선망한다.
그러나 세상을 살아보면
〈큰 그릇〉보다 〈작은 그릇〉으로 만족하는 사람 많고
〈금그릇〉보다 〈질그릇〉으로 사는 사람들이 만족하는 편이지만
결국 행복은 어떤 그릇이 되었든 〈가득 찬 내 그릇〉이 행복이다.

행복한 노후

행복한 노후를 위해
건강, 좋은 가족관계, 좋은 친구가 있어야 한다.

그러나 돈이 없으면 건강도 가족도 친구도 없다.
또 그러나 돈만 있으면 건강도 가족도 친구도 있다.

이것이 대한민국의 현실적 노후이다.

가난한 자는 가난한 자의 행복을 찾으라

부자는 돈으로 행복을 사고
가난한 자는 가난한 마음 가운데서 행복을 찾으라.

행복하지 않으면 부자가 무슨 의미가 있으며
행복하지 않으면 너의 가난이 억울하지 않겠느냐?

가진 자는 가진 자의 행복을 찾고,
가난한 자는 가난한 자의 행복을 찾으라.
그러나 가난에서 속히 벗어나라.

특별한 날을 기대하지 마라

사람들은 한평생
특별한 어느 한 날을 기대하며 산다.
그리고 나이 들어 그런 날은 없었다고 고백한다.
그리고 또 죽을 때까지
특별한 어느 한 날을 기다리다가
죽는 날 그런 날은 없다고 결론을 내린다.

그렇다.
인생은 일상의 연속일 뿐이다.

일상이 불행한 인생은 불행하고
일상이 행복한 인생은 행복한 사람이다.

사람들아,
매일 반복되는 일상에서 기쁨을 찾아라.
하루 먹는 세끼,
매일 자는 잠,
매일 만나는 가족과 이웃
그리고 매일 반복되는 오늘의 일이 행복의 시작과 끝이다.

이제는 네 인생에 특별한 날을 기대하지 마라.
돈 많이 벌고 순리를 따라서만 살아라.

나그네 마음으로 살아라

청년들아
인생에 별다른 의미를 담지 말고
집착하지마라.
우리 모두 그냥 왔으며
오! 사람은 제각기 돌아가기 바쁜 인생이다.
와보니 바로 가야되는 우리 인생
무슨 의미를 두느냐?
웃는 자를 보라! 항상 웃는 자가 없고,
우는 자를 보라! 항상 우는 자가 없으니,
인생은 울 일도 웃을 일도 없는 나그네길.
모든 일에 집착하지 말고

나그네 마음으로 살아라.
그러나, 한 가지 돈 버는 일에는 집중하라.

오늘 행복하자

사람들은 내일을 이야기 하지만
내일은
또 다른 이름의 오늘
내일을 말하지 말라.
항상 오늘이 있을 뿐
어제는 지나간 오늘
내일은 오게 될 오늘이니
모두 오늘이다.
이름만 다를 뿐
모양도, 색깔도 오늘이다.
오늘 행복하자.
오늘 잘 먹고 잘 살아라.

돈과 마음이 하나가 된다
부자라 교만하지 말고
가난하다 비굴하지 마라.
부자중 교만하여 불행한 자 많고,
없어도 자족하며 행복한 자 많으니

자신의 분수대로

현재에 만족하고 열심히 살면
돈과 마음이 하나가 된다.

따뜻한 밥, 따뜻한 세상

사랑하는 청년들아
항상 너의 이웃이 배가 고픈지 잘 살펴서
그들이 굶주리지 않도록 하라.
세상에서 밥 때가 되어도
밥을 먹지 못한다면 이보다 더 큰 비극이 어디 있겠느냐?
밥을 먹지 못하는 사람과 이웃으로 사는 것은
부끄러운 일이다.
우리 모두 따뜻한 밥으로 따뜻한 세상을 만들자.
오케이?

없는 자는~

없는 자는
가질 것을 기대하며
행복 하라.

그러나 가진 자는
잃어버릴 것을 생각하여
겸손 하라.

오늘이 마지막 날인 것처럼 즐기라

청년들아
먹고 마시고 놀고 일하는 일상을 떠나
어디에서 행복을 찾을 수 있겠느냐?
내일도, 모레도, 특별한 날도 기대하지 말고
매일매일 반복되는 너의 일상을 즐기라.

성공도 즐기고, 실패도 즐기고,
기쁨도 즐기고, 슬픔도 즐기고,
오늘이 마지막 날인 것처럼 즐기라.
오늘은 신나게 놀고 내일은 돈을 벌어라.

우리는 함께 우리의 운명과 한 판 승부를 가려야 한다

대한민국 청년은
현실적으로 진로, 취업, 가정, 결혼 등
많은 고민과 문제를 가지고 있다.
그리고 모든 고민의 시작과 중심은 청춘의 빈곤이다.
대부분 돈만 있으면 해결되는 일상적인 일들이지만
가난한 청년에게는 홀로 지기에 너무 무거운 짐이며
그 짐은 평생 내려지지 않는 운명이 된다.
우리는 함께 우리의 운명과 한 판 승부를 가려야 한다.

아픈 청춘아

청춘아!
너의 아픔으로
가족과 이웃을 힘들게 하지 말고
너의 아픔으로
가족과 이웃의 아픔을 나누라.
너의 아픔이 유익하리라.

청춘아!
너의 빈곤으로
가족과 세상을 탓하지 말고
너의 빈곤으로
가족과 세상의 빈곤을 나누라.
그리하면 너의 빈곤함이 유익하리라

마음이 아플수록 잘 먹어라

청년이여
마음이 아픈 자여.
너의 아픔으로 육신이 병들지 않도록 하라.
너의 아픔으로 네 몸을 제물삼지 마라.

마지막까지
네가 믿고 함께 갈 수 있는 것은
오직 네 몸덩어리 하나뿐이니

힘들고 마음이 아플수록 잘 챙겨 먹어라.
그리하면 언젠가 그날이 그리워 질 날이 오리라.

청년은 화가 난다

청년은 화가 난다.
누가 청년을 화나게 하는가?
어른들이 청년을 화나게 한다.

청년은 울화가 치민다.
그리고 화를 푼다.
자신을 학대하고, 가족을 학대하고
때로는 세상을 부수고, 불태운다.
어른들은 "화내지 마라"고 가르치지만
그것보다 어른들이 먼저
"사람을 화나게 하지 마라."고 가르침을 받아야 한다.
화를 내는 것은 매우 충동적이지만
화를 내도록 하는 것은 매우 습관적이고 의도적이다.
부모는 자식을, 선생은 학생을,
사회는 청년을 화나게 하지 마라.

분노하라! 신에게라도 분노하라!

마음에 분노가 치밀어 오거든
참지 말고 분노하라.

누구에게라도 분노하라.
네 마음에 분을 쌓으면 상처가 깊어지리니
깊은 상처가 폭발하면 그때 누가 감당하겠느냐?

분노하라!
신에게라도 분노하라!
분노로 네 영혼을 치유하며
분노로 네 영혼을 정화하라!
분노는 가난한 자의 건강식이다.

더 지독한 아픔

누구나 아픔이 있다.
웃고 있다고 사람을 함부로 대하지 마라.
웃고 있어도 안에는 아픔이 있다.
웃는 사람에게는
그 안에 더 지독한 아픔과 분노가 있다.
부자도 웃지만 가난한 사람은 정말 웃는다.

따뜻한 밥이 따뜻한 세상을 만든다

청년이 대학시절 먹었던 따뜻한 밥이 생각난다.
순성이 형이 점심시간에 사 주었던 라면 한 그릇,
점심시간에 후배 형진이 집에서 먹었던 눈칫밥,
성재형이 준 식권으로 구내식당에서 줄서 먹었던 밥,

욱선이가 자취방에서 차려준 밥,
연창이 자취방에서 여동생이 해 준 아침밥.

그리고 청년은,
의과대학을 졸업하고 서울에서 성형외과 원장이 되었다.
원장이 어느 날 식당에서 갈비탕 한 그릇을 먹고 있었다.
남루한 청년이 식당 주인에게 먹을 것을 구했다.
원장은 청년의 모습에서 자신을 보았다.
"아주머니. 갈비탕 하나 주시고 공기밥 하나 더 주세요."
청년은 감사하다는 말조차 잊은 채
허겁지겁 입안에 고기를 가득 넣고 씹었다.

세상에서 밥을 굶게 하는 나라는 나쁜 나라다.
청년들아,
어떤 세상일지라도
세끼 밥을 먹을 수 있는 그런 세상을 만들어라.
따뜻한 밥이 따뜻한 세상을 만든다.
가난한 세상은 세상이 아니다.

이보다 더 선한 일이 어디 있겠느냐?

어느 날 아픈 자가 나를 때렸다.
나는 기꺼이 맞았다.
나를 때려 그 자신이 위로를 받는다면
나에게 이보다 더 선한 일이 어디 있겠느냐?
가난한 자라면 내가 돌멩이라도 맞으리라.

네 아픔 아무도 관심 없어

아픔은 그릴 수도 없고 쓸 수도 없다.
그래서 내 아픔을 입으로 말했지.
그러나 내 아픔을 들으려고 하는 사람은 없었다.
그래서 나는 깨달았지.
내 아픔은 나만 알고, 내 것으로 알고 가야 한다는 것을
아픈 청년아,
네 아픔을 사람에게 말하지 마라.
네 아픔 아무도 관심 없어.
너는 네 아픔을 네 안에 품고 얼굴은 웃어라.
사람들은 네가 아픈 것을 보이면 너를 떠날 거야.

"아픔아! 오늘도 함께 시작하자."

어차피
아픔이 너와 함께 한다면
아픔을 원수처럼 여기지 말고
오늘도 너와 함께하는 친구로 삼아라.

"아픔아! 오늘도 함께 시작하자."
어차피 아픈 인생이라면 아픔과 함께 가라.
아픔은 멀리 하면 가까이 오고
가까이 하면 멀어 진다.
그래도 가난은 제 자리에 있다.

너에게 따뜻한 사람을 생각하라

말이 따뜻한
눈빛이 따뜻한
몸이 따뜻한
세상에는 따뜻한 사람들이 많다.
네가 아프고 힘들 때
너에게 따뜻한 사람을 생각하라.
그리고 힘을 내서 부자가 되어라.

바람은 항상 불지 않아

지금 아프니?
그대로 아파라.
어차피 너의 아픈 시간은 지금도 지나가고 있으니
아픔이 어디까지 가겠느냐?
기쁨의 시간도 지나가는 것처럼
아픔의 시간도 지나간다.
바람은 항상 불지 않아.
가난도 바람을 닮아
항상 우리와 같이 있지 않을 거야.

모든 것을 용서하라

청춘아!

네가 몹시 불안하고 초조해 보이는구나.
네 안에 두려움이 있구나.
네가 누군가를 용서하지 못하고 있구나.
모든 것을 용서하라.
무엇보다 네 자신과 가족을 용서하라.
그리고 용서할 수 없는 것을 용서하라.
그러면 너에게 평안이 있으리라.
평안하면 돈이 보인다.

아픔은 바람이다

당장 돈이 없어 아무것도 할 수 없는 아픔.
과거의 잘못으로 좋은 관계가 깨진 아픔.
억울한 일을 당한 아픔.
인정받지 못하여 늘 소외된 아픔.
사랑하는 자와 헤어지는 아픔.

세상에는 수많은 아픔들이 있다.
청년들아 잊지 마라.
아픔은 바람이다.
아픔은 그냥 왔다가 그냥 지나가는 바람일 뿐이야.

내가 여기까지 올 수 있었던 것은

내가 한 가지를 깨달았으니,

나의 아픔이 모두의 아픔이구나.
내가 여기까지 올 수 있었던 것은
수많은 아픈 영혼들이
나와 아픔을 나누었음이라.

가난한 친구들아,
우리는 함께 가자.
어디로? 부자나라로!

구별된 행복

아픔 가운데 사는 자여.
너의 아픔을 소리 내지 말며
너의 아픔을 말하지 마라.

너의 아픔으로 인하여
너만이 누릴 수 있는 〈구별된 행복〉이 있음을 알라.
이것이 가난한 자에게
하나님이 주신 숨겨진 축복이다.

아픈 자여. 네 몸을 잘 돌보라

마음이 아픈 자여.
네 몸을 잘 돌보라.
세상의 많은 아픈 자들이

자신의 몸을 돌보지 않아 좋은 세상을 눈 앞에 두고 갔다.
네 아픔에 분노하지 말고, 네 아픔에 기죽지 말고
네 아픔과 함께 건강을 지키라.
그리하면 좋은 날을 맞이한다.
가난한 자여. 너는 더욱 건강하라.
그리고 부자의 날을 기다리라.

이 아픔이 아니면

청년아
그대의 아픔을
누군가의 탓으로 돌리지 마라.
이 아픔이 아니면 저 아픔이 찾아오리니
누구의 잘못이 따로 있겠느냐?
이것이 내 운명이라 생각하고
아픔으로 아픔을 이기며 아픔위에 우뚝 서도록 하라.
현재의 가난은 운명이다.
그러나 내일의 가난은 너의 선택이다.

마음은 아프지만 조용히 미소 짓는

너를 성자라 부르고 싶다
사랑하는 청년아.
너의 아픔으로
세상의 아픔을 품어라.

세상의 굶주린 아픔
억울한 아픔
외로운 아픔
버림받은 아픔

세상의 모든 아픔을
너의 아름다운 영혼으로
소리 없이 품어라.

예수님은 세상의 모든 죄악을
당신의 십자가로 품으시고
구세주라 칭함을 얻지 않았느냐?

사랑하는 청년아
마음은 아프지만 조용히 미소 짓는 너를
성자라 부르고 싶다

아픈 자의 사랑

아픈 자의 사랑은 세상을 밝히는 빛이다.
아픈 자의 눈물은 세상을 깨우는 깨달음이다.
아픈 자의 한숨은 세상을 정화하는 바람이다.

누군가의 아픔이 세상을 새롭게 하는도다.
아픈 자들이여.
서로 사랑하라.

너희들의 사랑이 세상을 새롭게 하는 도다.
너희들의 눈물로 세상을 닦아주고
너희들의 수고로 세상을 따뜻하게 하라.
너희들의 사랑이 세상을 부유케한다.

나의 젊은 시절

오 나의 사랑하는 청년아,
끝까지 가라.
끝까지 가기 힘들면 그냥 가라.
그러면
언젠가 끝을 보리라.
나는 젊은 시절
'끝까지 간다'는 한 마음으로 갔다.
그래도 끝이 보이지 않으면 그냥 갔다.
그리고 여기 이 자리까지 왔다.

착한 병 사람들

법 잘 지키고 다른 사람에게 피해 주지 않고
나만 바르게 살면 된다고 생각하는 착한병 사람들
그러나 그것은
후손들에게 가르칠 만큼 좋은 교훈은 아니야.
청년들아,
우리는

내가 있음으로 이웃이 유쾌하고 따뜻하고 유익해야 돼.
다른 사람에게 피해 주지 않고
나만 잘하면 된다는 자기중심적 사고로
모두가 더불어 잘 살기는 힘들다.

아픔을 모르면서 세상을 말하지 마라

아프니?
얼마나 아프니?
더 아프도록 하여라.
아픔으로 아픔을 이기며 아픔의 끝을 보아라.

그리고
아픔의 끝에 찾아오는 자유를 누려라.
애들아!
아픔을 모르면서 세상을 말하지 마라.
가난을 모르고 인생을 아는 척 하지 마라.

아픔을 노래하라

청년들아.
너는 아픔의 희생자가 되지 말고
아픔으로 아픔을 이기며 아픔을 노래하라.

세상에는

내 아픔으로 세상을 죽이는 사람도 있고
내 아픔으로 세상을 살리는 사람도 있다.
세상에는
내 가난으로 세상을 죽이는 사람도 있고
내 가난으로 세상을 부유케 하는 사람도 있다.

아픈 영혼들아, 우리 함께 가자.
이 세상 어디엔가 우리의 영혼이
쉴 만한 곳이 있을 것이니
희망을 안고 우리 함께 가자.

너희의 술잔에 축복 있으라

사랑하는 자녀들아
우리 함께 술을 마시자.
첫 잔은 신에게 드리는 감사의 잔.
둘째 잔은 사랑하는 친구를 위한 우정의 잔.
셋째 잔은 우리의 아픔을 잊어버리는 치유의 잔.
그리고 넷째 잔부터는 즐기자.
너희의 술잔에 축복 있으라.

작은 꿈들이 구름처럼 모여

청년들아.
이제부터는 작은 꿈을 꾸어라.

그저 매일매일 살아가는 일상에서의 작고 소박한 꿈
좋은 엄마 되고,
좋은 아빠 되고,
좋은 친구 되고,
좋은 이웃이 되는
그런 작은 꿈들이 구름처럼 모여
아름답고 성숙한 사회가 된다.

따뜻한 세상

따뜻한 세상을 만들어라.
그리고 따뜻한 세상의 주인이 되어라.
따뜻하지 않은 자여,
네가 어찌 살아 있다고 하겠느냐.
따뜻함을 회복하라.
그리고 서야
네가 살고, 네 집이 살고, 네 나라가 산다.

우리에게 필요한 사람은 어떤 사람일까?

우리에게 필요한 사람은 어떤 사람일까?
똑똑한 사람? 아니다.
똑똑한 사람은 세상을 구하는 것이 아니라
세상을 혼란스럽게 할 뿐이다.
우리 사회는 똑똑한 사람이 너무 많아 항상 불안하다.

그럼 따뜻한 사람?

그렇다.

우리는 마음이 따뜻한 사람이 필요하다.

먼저 따뜻한 후에 똑똑한 사람이 되어라.

순리대로 살고 순리대로 다스리라

도덕주의자가 되지 마라!

세상이 살기 힘든 것은

범죄자들 때문이 아니라 도덕주의자들 때문이야.

그들은 은근히 도덕을 말하면서 사람을 심판하며

세상을 아프게 하며 시끄럽게 하지.

원칙주의자가 되지 마라!

원칙은 중요하지만 원칙으로 사람을 정죄하지 마.

원칙주의자들은 원칙을 말하며 사람을 힘들게 한다.

도덕은 좋지만 도덕으로 사람을 심판하지 말고,

원칙은 좋지만 원칙으로 사람을 내치지 마라.

오직 순리주의자가 되어

순리대로 살고 순리대로 다스리라.

가진 것을 나누며 살아라

가진 자여,

가진 것을 나누며 살아라.

어차피 네가 가진 것이 네 것이 아님을 알라.

돈 많은 부자라고

존경 받는 것도 아니고, 오래 사는 것도 아니며, 행복한 것도 아니니

가진 것이 자랑은 아니다.

네가 가진 것을 필요로 하는 자와 나누라.

오직 이웃과 나눈 분량만이

너의 진정한 소유이며 너의 기쁨이 되리라.

돈의 두 가지 성질

돈은

세상에서 가장 따뜻한 성질과 가장 찬 두 가지 성질을 가지고 있다.

돈 때문에 기뻐하고, 돈 때문에 자유하고, 돈 때문에 살만하다면,

그 돈은 따뜻한 돈이다.

그러나

돈 때문에 싸우고, 돈 때문에 죽고, 돈 때문에 죽인다면

그 돈은 찬 돈이다.

청년들아! 너희는 찬돈을 탐하지 말고 따뜻한 돈을 갈망하라.

명품인생

돈이 많으면 명품을 사 입고

돈 없으면 대충 입어라.

부자에게 명품은 멋이다
그러나 없는 사람에게 명품은 부끄러움이다.

있으면 있는 대로 살고
없으면 없는 대로 살라.

그러면 있으나 없으나
그 인생은 똑같이 〈명품〉이다.

따뜻함(溫)은 평화, 치유, 세상을 움직이는 힘이다

존경하는 청춘들아, 항상 따뜻하자.
따뜻함으로 빛을 만들고 빛으로 새로운 세상을 만들어라.
지식으로도, 명예로도, 돈으로도 따뜻할 수 없다.
오직 아픈 자만이 아픔으로 아픔을 깨달아 마음이 비워지면
비워진 마음에 따뜻함이 채워진다.
따뜻함(溫)은 평화, 치유, 세상을 움직이는 힘이다.

너도 너를 믿지 마라

청년들아!
너를 믿지 마라.
네 눈은
시기, 탐욕, 교만으로 가득차 있으니
네가 보는 것, 네가 아는 것, 네가 하는 말은 진리가 아니니

너도 너를 믿지 마라.

말을 분명히 하라

청년들아!
말끝이 분명하지 않은 사람을 믿지마라.
말이 인격이니
말이 흐린 사람은 인격도 흐린 법이다.
말끝이 분명하지 않은 사람을 믿지마라.
그리고, 너는 말을 분명히 하라.

특별한 여행

젊은 나이에 암 판정을 받다니
참 마음 아픈 일이다.
나는 너에게 〈특별한 여행〉을 권한다.
극지를 탐험하는 탐험가들,
에베레스트를 등정하는 산악인들,
다큐를 찍기 위해 밀림에 뛰어 드는 방송인들,
선교하러 식인종 마을에 들어가는 사람들처럼
〈특별한 여행〉을 떠나 보라고.
공해와 스트레스와 거짓으로 가득 찬 세상을 뒤로 하고
남은 사랑 한조각을 배낭 안에 챙겨
〈거룩한 암여행〉을 떠나보아라.

사람의 몸과 마음

사랑하는 청년아,
네가 사소한 일에도 화가 나고,
쉽게 과민하고, 마음이 불편하다면
먼저, 네 몸을 돌아 보아라.
음식을 잘 먹고, 운동으로 땀을 흘리고 잘 쉬면
마음의 병에서 회복되리라.

사랑하는 청년아,
아무런 병명없이 여기저기 몸이 아프거나,
몸이 무겁고 자주 피곤하면
먼저, 네 마음을 들여다 보라.
네 마음 안에 있는 화와 분을 풀고
가까운 사람과 관계를 회복하라.

이렇게
사람의 몸과 마음은
서로 원인이 되고 결과가 된다.

청년에게 필요한 노후

사랑하는 청년들아.
슬픈 노후를 맞지 않기 위하여
죽는 날까지
돈을 가지든지, 건강을 유지하라.

둘 모두 있으면 노후도 지낼만 하다.

네 자신이 네 앞길의 장애물이다

이것은 이래서 안 되고, 저것은 저래서 안 되고
이것은 이래서 나쁘고, 이것은 저래서 나쁘고
이 사람은 이래서 싫고, 저 사람은 저래서 싫고
인생은
자신이 걸림돌이 되어 스스로 넘어진다.
네 자신이 네 앞길의 장애물이다.
네가 잘되기를 네 자신이 시기하는도다.

일없이 노는 청년들아

일없이 노는 청년들아.
너는 취업이 되도 걱정이다.
두 눈, 두 팔다리 성한데 집에서 딩굴 딩굴.
세상은
네 눈과 팔다리를 필요로 하는 곳이 많아.
일없이 노는 청년들아.
너는 취업이 되도 걱정이다.
너는 취업을 하기 전에 먼저 인생을 배우라.
그리하면 네 인생에 실패가 없으리라.

청춘아, 가난한 청춘아

존경하는 청년들아,
젊은 날의 가난에 감사하라.
누군가의 도움으로 살기에
교만하지 않고 겸손을 배우며
많은 아픔으로 인내를 배우니
젊은 날의 가난에 감사하라.
청춘아, 가난한 청춘아.
가난을 찬양하라. 그로 인하여 축배를 들라.

말수를 줄여라

청년아!
말이 많은 사람을 가까이 하지 마라.
그는
성격이 급하고, 자기중심적이며, 고집이 세고
이해심이 부족하다.
말이 많은 사람은 사람들을 많이 만나지만 친구가 없다.

청년아 말수를 줄여라.
그렇지 않으면 가난하게 살 것이니
한 입으로 하나를 말하고, 두 귀로 둘을 들으라.
말이 많은 자는 가난한 팔자가 많다.

때를 알라

누가 지혜자인가?
때를 아는 자가 지혜자라
나아갈 때 나아가고,
물러설 때 물러서고,
멈출 때 멈출 줄 아는 자.
말을 할 때 말을 하고,
말을 거둘 때 거둘 줄 아는 자.
때를 알라.
너의 때인지, 아니면 상대의 때인지.

작은 변화, 작은 혁신이 매출을 올린다

사람들은 자신의 운명을 바꾸기 위해
이름을 바꾸기도 하고,
성형수술을 하기도 한다.
그러나
그것보다 작은 변화, 작은 혁신
일상의 언어와 일상의 음식만 조금 바꾸어도
운명은 확실히 달라진다.
사업이 잘되고 일이 잘 풀릴거야.

'찬 부자'가 되지 말고 '따뜻한 부자'가 되어라

돈은
따뜻한 돈과 찬 돈이 있다.
내안에 있으면 찬 돈이지만
필요한 사람에게 주면 따뜻한 돈이 된다.
너희는 너희의 돈을 금고 안에 차게 두지 말고
돈 없어 고개 떨구고, 맥 빠진 청년들을 위하여
따뜻하게 사용하라.
너는 '찬 부자'가 되지 말고 '따뜻한 부자'가 되어라.

벗어나라, 탈출하라

어렵고 힘든 시간
끝이 없는 고난과 무료함의 연속
아무리 옆을 둘러봐도 희망이 없다.
함정!
그렇다.
우리는 인생의 함정에서 벗어나지 못하고 허우적거리고 있다.
벗어나라, 탈출하라.
새 길을 찾으라.

편견을 버리라

네 눈과 귀를 막는

편견을 버려라.
너의 편견으로
넓은 세상을 좁게 살지 마라.
세상의
그 누구도, 그 무엇도 용납하라.
편견이 너의 출세를 가로막는다.

그리하면 언젠가

청년들아,
산을 만나면 넘어가고
물을 만나면 건너가리.
네 길에서 만나는
모든 일을
피하지 말고 거부하지 말라.
그리하면 언젠가
평탄한 대로만이 열리리라.

형편이 어려워도 조급하지 마라

형편이 어려워도 조급하지 마라.
마음이 평안할 때 앞길이 보이리니
평안 가운데 묵상하라.
형편이 어려워도 성급하지 마라.
네가 온유할 때 돕는 자가 찾아오리니

너의 온유함으로 앞길을 준비하라.

돈1

돈이 있으면 돈을 모른다.
그래서 돈을 낭비하고
돈이 없으면 돈을 안다.
그래서 돈을 구한다.
청년들아,
젊을 때 돈을 알고 돈을 벌어라.
그렇지 않고 10년 후 자식을 낳으면
하루에 15시간을 일해도 먹고 살기 힘들다

돈2

청년아
인간은 돈이 없으면
어둡고 좁은 감옥에 갇힌다.
자유는 없고
영혼은 지옥의 깊은 늪으로 서서히 빠져 들어간다.
인간은 돈을 가진 만큼의 자유를 누린다.

돈3

청년아, 네가 가난하면
네가 죽고, 네 자식이 죽고, 네 꿈이 죽는다.
청년아, 부자가 되어라.
그러나 인색하지 말라.
또 그러나 인색하더라도 부자가 되어라.

젊을 때 잘 놀아라

젊을 때 잘 놀아라.
특별히 도시에 사는 사람들은
은퇴하면 노는 것이 소일거리이고 소일거리가 노는 것이다.
그런데 우리나라 남자들은 놀 줄을 몰라.
그래서
할아버지 되면 사는 것이 재미없고
활동하는 것 없으니 병이 들지.

청년들아
노는 것도 놀아본 사람이 놀 줄 안다.
술 마시고, 연애하는 것은
노인이 할 수 있는 놀이가 아니다.
머리는 생각하고 몸은 움직이고
마음은 즐거운 놀이감을 찾아라.
혼자도 놀 줄 알고, 둘이서도 놀 줄 알고,
여러 명이 같이 놀 줄 알아야 한다.

청년들아.
노는 것도 예술이다.
잘 놀아라. 많이 놀아보라.
그리고 네 노년에 놀 수 있는 놀이를 놀아라.

人間

'사람과 사람사이'
'사람관계'
인간은 '관계적 존재'이다
인간의 모든 역사는 관계에서 비롯한다.

행복은 누군가 때문에 행복하고
불행은 누군가 때문에 불행하다.

행복하고 싶은가?
잘 살고 싶은가?
그렇다면 좋은 인간관계를 맺으며 살아라.

청년과 시계

청년은 틈만 나면 손목시계의 배통을 열어
안에서 엇물려 돌아가는
톱니바퀴의 움직임을 보며 소리를 듣는다.
톱니바퀴는

서로의 장점과 단점이 엇물린채
한치의 불협화음도 없이 째각째각 정확하게 돌아간다.

우리도 서로 이해하고 안아주면서
함께 세상을 살 수는. 없을까?
그러면 모두 부족함 없이 여유롭게 살텐데.

뒷다마

상대가 마음에 안들 때
누구는 면전에서 직접 시비를 가리고 돌아서면 잊어버린다.
그러나 누구는 눈앞에서는 조용하지만
뒤에서 익명으로 인터넷에 올리고 법원에 고발장을 접수한다.
누가 악이고 누가 선이냐?
청년들아
하루를 살아도 시시하게 살지 마라.

우리는 가만히 있어도

청년들아
키 작은 사람 앞에서
똑바로 서있지 마라.
못 생긴 사람 앞에서
똑바로 얼굴을 들지 마라.
우리는 가만히 있어도

옆 사람에게 상처를 주고 마음을 아프게 한다.

잘 사는 사람들의 지혜

청년들아!
우리 편에게는
잘하면 칭찬하고 못하면 격려하라.
그러나
남의 편에게는 항상 감사하고 존경하라.
이것이 세상을 잘 사는 사람들의 지혜이다.

자신의 부족함이 보이면

남의 약점으로
네 자신을 위로하지 말고
상대의 부끄럽고 약한 부분을 들추기 전에
자신의 부족함을 먼저 보라.
자신의 부족함이 보이면
남의 약점은 보이지 않는다.

'쓰레기를 파는 사람'

알지도 못하는 사람을 모함하고
약점을 드러내고 소설을 쓰는 사람.

우리 사회는 그들을 토해내야 한다.

처음부터 끝까지 그냥 사랑해줘

나를 사랑한다면서 왜 화를 내지?
너의 화가 나를 힘들게 해.
너의 화가 나를 화나게 해.

나를 사랑한다면 아무것도 하지 마.
나를 사랑한다면 너의 사랑을 외면해도 화를 내지마.
처음부터 끝까지 그냥 사랑해줘.
진짜 사랑 말이야.

행운의 열쇠

가까운 사람일수록
그에게 최선을 다하라.
그 사람이 네 행운의 열쇠를 가지고 있다.

그 사람이 묶으면 묶일 것이요.
그 사람이 풀면 풀리리라.

그래서
가까울수록 언짢게 했거나, 화나게 했으면
"미안합니다. 잘못했습니다."

화를 풀어 주어라.
그렇지 않으면 행운의 문이 닫히리라.

남자의 멋

남자의 멋,
면도를 하고, 향수를 뿌리고,
온화한 표정으로 미소를 지어라.
너는
모자를 벗고, 머리를 단정히 하고, 복장을 갖추어라.
너는
부드럽고 배려 깊은 언어로 사람을 편하게 대하고
겸손함으로 사람들의 마음을 사로잡아라.
이것이 남자의 멋이다.

좋은 친구를 원하면

좋은 친구를 많이 두라.
힘들 때, 외로울 때, 아플 때의 동반자.
좋은 친구는 우리의 기쁨이며 자랑이다.
좋은 친구와의 인생길은 행복하다.
좋은 친구를 원하면
네가 먼저 좋은 친구가 되어라.
그럴만한 가치가 있으니까.

돈보다는 일을

돈보다는 일을, 일보다는 사람을,
사람보다는 가족을 사랑하라.
가족을 사랑하는 사람이 사람을 사랑하고,
사람을 사랑하는 사람이 일도 잘하고
일을 잘하는 사람이 돈도 잘 번다.
가족을 사랑하는 사람은 가족을 굶기지 않는다.

좁은 길을 걸어갈 때

청년들아!
너는 좁은 길을 걸어갈 때 이렇게 하라.
맞은편에서 오는 사람이
여자거나 너보다 연약하고 연로해 보이면
네가 먼저 옆으로 비켜 가라.
그러나
더 좋은 것은
앞에 오는 사람이 어떤 사람이든
먼저 본 네가 길옆으로 비켜 서라.
그리하면 앞에서 오는 사람이
경계심 없이 편하게 지나갈 수 있다.
너는 조용히 선한 일을 하였으니
네가 복 받을 날이 있으리라.

나의 친절, 너의 친절

친절에는
〈나의 친절〉이 있고 〈너의 친절〉이 있다.
나의 친절은 내 입장의 친절이고
너의 친절은 상대방 입장의 친절이다.
나의 친절로 보상을 기대하지 마라.
나의 친절은 상대를 불편하게 한다.
친절도
상대에 합당한 〈너의 친절〉을 베풀라.

서운한 생각을 갖지 마라

서운한 생각을 갖지 마라
상대의 입장을 알면 서운할 일이 없다.
상대의 입장을 모르면서
서운함을 갖는 자는 소인이다

인생은 거울이다

내가 웃으면 상대가 웃고
내가 화를 내면 상대도 화를 낸다.
내가 편하면 상대가 편하고
내가 좋으면 상대도 좋다.
좋은 인생은

항상 '내가 먼저'다.
인생을 선점하라.

네 원수를 <네 번>용서하라

한 번! 어린 너를 키워주신 부모를 생각하여 용서하고
두 번! 못난 너를 좋아하는 친구를 생각하여 용서하고
세 번! 너를 사랑하는 연인을 생각하여 용서하라.
그래도 용서가 안되면
네 번! 너 같은 죄인을 용서하신 예수님을 생각하여 용서하라.

오직 아픔만이 있을 뿐이다

자기 말만 늘어 놓는다고 불평하지 마라.
자기 주장이 강하다고 싫어하지 마라.
자기 자랑만 한다고 미워하지 말라.
그들 모두 아픈 사람이다.
그렇게 해야 행복한 사람들이니 그들을 이해하라.
그들은 그렇게 자신의 아픔을 이기고 있음을 가엾게 여겨라.
세상에 무엇이 흠이 되겠느냐?
오직 아픔만이 있을 뿐이다.

겉으로는 웃어라

청년들아
항상 당당하고
항상 친절하며
항상 미소로 대하라.
속으로는 울지라도 겉으로는 웃어라.

사람을 억울하게 한 자는 태어나지 않음이 좋다

화를 내도 좋다.
욕을 해도 좋다.
그러나
사람을 억울하게 하지 마라.
사람을 억울하게 한자는
자신의 힘으로 영원히 용서받을 수 없으니
사람을 억울하게 한 자는 태어나지 않음이 좋다.

따뜻한 법과 세상 법

두 사람의 택시기사가 있다.
어느 날 비행기를 타기 위해
공항까지 가는 손님을 태웠다.
시간이 촉박하다.
한 사람은

교통법규에 따라 신호등을 잘 지키며
정해진 도로를 열심히 달렸다.
또 한 사람은
차들이 길게 서 있으면 짧은 차선으로 옮기기도 하고,
요리저리 앞차에 끼어들기도 하고,
때로는 빨간 신호등도 무시하면서 공항에 도착했다.

누가 너에게 고마운 사람이며 필요한 사람이냐?
잊지 마라.
〈세상 법〉도 지키라.
그러나
〈세상 법〉보다 먼저 〈따뜻한 법〉을 지키라.
〈세상 법〉을 어기면 교도소에서 대가를 지르면 뇌지만
〈따뜻한 법〉을 어기면 네 영혼이 속죄 받을 길이 없다.

사랑받기를 먼저 배우라

청년들아
'사랑하기'를 먼저 배우지 말고
'사랑받기'를 먼저 배우라.
누군가
너에게 작은 것이라도 진심으로 주었을 때
사양하지 말고 감사하며 받으라.
그리하면 주는 자에게 기쁨을 주는 것이요.
만일 네가 사양한다면 주는 자의 기쁨은 없으리라
진정한 사랑은 사랑을 받을 줄 아는 것이다.

형제의 연

형제가 화를 내면
오늘은 참으라.
내일 내 잘못이 무엇인지 생각하고
모레 형제에게
네 잘못이 확실하면 진심으로 용서를 빌고
네 잘못이 아니라면 옳고 그름을 분명히 가리라.

형제가 너의 용서를 받거나
자신의 잘못을 시인하면 좋은 형제요.
아니하면 형제의 연을 끊으라.

아픈 자를 무시하지 마라

아픈 자를 멸시하지 말며
아픈 자를 무시하지 마라.
어느 날 아픈 자의 아픔이
갑자기 너를 찾아오리니
네가 누구의 위로를 받겠느냐?

가까운 사람일수록

가까운 사람일수록
더욱 감사하고 예의를 다하라.

한번 스쳐가는 사람에게
환대한들 무슨 소용이 있겠느냐?
가족과 가까운 이웃에게 최선을 다하라.
그러면 네가 준 대로 돌아올 것이요.
그렇지 않으면 몇 배의 고통으로 갚음을 받을 것이다.

어느 날 내 말이 내 입을 나왔다

어느 날
내 말이 내 입을 나왔다
온 종일 다녀도 친구를 만나지 못하고
말은 저녁 늦게 입으로 돌아왔다.

다음날
내 말이 또 친구를 만나러 내 입을 나섰다
온 종일 다녀도 친구를 만나지 못하고
말은 입으로 밤 늦게 들어왔다.

그리고 이후로 말은 입 밖으로 나가지 않았다
사람들은 나를 실어증이라 하였고
내 말은 내안에서 조차 친구를 만나지 못한 채
영원히 나를 떠났다
어느 날 나는 한강철교 아래에서 발견되었다.

박수에 인색하지 마라

청년들아!
박수에 인색하지 마라.
잘 하면 잘했다고 박수 치고,
좋으면 좋았다고 박수 치고,
수고 했으면 수고 했다고 박수 치고,
고마우면 고맙다고 박수 치라.
박수에 인색한 자여!
누가 너에게 박수를 보내겠느냐?

"무엇을 도와 드릴까요?"

이웃을 도울 일이 보이면
"무엇을 도와 드릴까요?"라고 묻지 마라.

누군가를 돕고 싶으면
"제가 도와드릴까요?"라고 묻지 마라.

아무 소리 하지 말고
이웃의 필요를 아는 네가 그냥 도우라.
그것이 사랑이다.

너희는 먼저 자신을 돌아보고 잠잠하라

사람들은 받은 아픔만을 기억한다.
사람들은 받은 상처만을 말한다.
그리고
내가 준 아픔은 기억하지 못한다.
더욱 내가 준 아픔은 말하지 않는다.
청년들아, 너희는 먼저 자신을 돌아보고 잠잠하라.

一鼓手二名唱(일고수이명창)

판소리의 맛은
창을 하는 명창보다 북을 치는 고수.
고수는 이따금 '좋다', '좋구나', '얼씨구' 추임새를 넣을 뿐이다.
청년들아!
너도 명창보다 고수로 살도록 하라.
네 말을 하기보다는 들어주고,
알아도 모르는 척 맞장구 치고
그러면 세상이 따뜻해지지 않겠니?

옆 사람을
세워주고 즐겁게 하면서 한판 인생 신명나게 놀아보자.

보상이 있는 사회는 좋은 사회이다

사람들은
내가 한 행위에 대하여 보상받기를 원한다.
특별히 약자라면 더욱 그렇다.
그러므로
네가 힘이 있는 자리에 있으면
네 옆 사람에게 항상 보상하라.
"감사 합니다"
"수고 했습니다"
"당신 때문에 제가 잘 되었습니다."
"모든 것이 당신 덕분입니다."

복 받을 수 있는 신의 한 수

청년들아!
네 인생이 잘 풀리면 네 가족과 친구를 더욱 사랑하라.
그리하면 네 인생길이 더욱 크게 열릴 것이요.
네 인생이 잘 풀리지 않으면 네 가족과 친구를 돌아보라.
부정적이고, 소극적인 가족과 친구를 버리고
긍정적이고, 적극적인 사람들을 가까이 하라.
네 옆 사람이 네 운명을 좌우한다.
그들이 묶이면 너도 묶일 것이요.
그들이 풀리면 너도 풀리리라.
이것이 네가 복 받을 수 있는 신의 한 수다.

돈과 건강의 공통점

돈은 있을 때 벌기 쉽고
돈이 없으면 벌기도 어렵다.
건강도 마찬가지
건강할 때 더욱 건강하기 쉽고
건강을 잃으면 건강을 되찾기 어렵다.
형제들아, 건강할 때 더욱 너의 건강을 관리하라.
형제들아, 돈을 벌면 돈이 있을 때 돈 관리를 잘해라.

네 팔 네가 흔들어라

사람들은
세상의 평가로 인생이 좌우되고
세상의 눈치에 허우적거린다.
친구들아.
나는 지난 60년동안 남한테 단돈 천원도
댓가 없이 받아본 적 없다.
그런 내가 세상사람들의 눈치를 봐야 하니?
죄를 지었으면
네가 벌을 받아라.
그렇지 않으면
네 팔 네가 흔들어라.

좁은 길을 선택하면 부자길이 보인다

대학 아우들아
네 앞에
좁은 길과 넓은 길이 있다면
좁은 길을 선택하라.

하기 싫은 일을 하고
만나기 싫은 사람을 만나고
망하기도 하고
헤어지기도 하라.

대학을 졸업하면
네가 만나야 할 사람을 만나고
네가 해야 할 일을 하게 되리라
그리고 너는 부자가 될 것이다.

지혜는 부자의 노하우

지식을 자랑하지 말라
지식이 없어 불행한 사람 없고
지식이 많아 행복한 사람 없다.

지혜를 자랑하라.
지혜가 많으면 행복하다.
지혜가 많으면 지식이 없어도 행복하다.

지혜야말로 부자의 노하우다.

대충대충 해

뭐가 그렇게 말이 많니?
간단하게 말해.
뭐가 그렇게 복잡하니?
대충대충 해.
단순하게 생각하고
단순하게 말해.
그러면
너도 편하고 세상이 편하다.
우리 사회는 복잡한 사람을
수용하기 어려운 구조이다.
그렇다.
세상과 쉽게 갈 수 있는 사람만이 잘 산다.

부자처럼 처신하라

찌질한 생각, 찌질한 말, 찌질한 행동을 하면
결국 찌질한 사람이 된다.
없어도
넉넉한 마음으로 말하고, 넉넉하게 살아라.

네 안의

부끄러운 거지를 보이지 말고
부자처럼 처신하라.
그러면 부자처럼 살 것이다.

작은 것에 기꺼이 손해를 볼 줄 아는 사람

작은 일에 양보하라.
작은 일에 고집을 피우면
신도 너에게 고집을 피우리라.

작은 물질을 양보하라.
작은 물질에 욕심을 내면
신도 너에게 인색하리라.

작은 것에 기꺼이 손해를 볼 줄 아는 사람이
사람과 신을 즐겁게 하며 청년부자가 될 수 있다.

청년아. 이걸 포커페이스라고 하니?

아무리 힘들어도
힘든 얼굴을 하지 마
세상이 너를 쳐다보지 않거든
오히려
세상은 네가 힘들지 않은 척 할 때
너를 찾는다.

기쁜 일이 있든
슬픈 일이 있든
그냥 덤덤한 표정이 좋다.
청년아. 이걸 포커페이스라고 하니?
없어도 있는척하며 살아라.
그러면 정말 있게 된다.

고난으로 부자가 되지 못하면 무의미한 고난이다

청년은
고난의 세월을 돌이켜 보았다.
그렇다. 고난도 생각하기에 따라 성공이다.

고난은 인간을
더 간절하게 하며,
더 사랑하게 하며,
더 감사하게 하며,
더 열심히 살게 하며,
더 사람들을 이해하게 하며,
더 인생의 깊이를 생각하게 하며,
더 좋은 친구들을 만나게 하며,
더 높은 사랑을 배우게 하며,
더 많은 삶의 지혜를 깨닫게 하며,
더 많이 기도하게 하며,
더 많이 신을 의지하게 한다.

고난은 인생의 귀한 자산이다.
그러나 고난으로 부자가 되지 못하면
그 고난은 개고생일 뿐이다.

고난을 초장에 정면 돌파하라

바보 같은 청년은
문제를 만나면 자꾸 피해 갔다.
그러나 몇 번 문제를 피하다 보니
피할 수 없는 큰 문제를 만났다.
그리고 완전히 넘어졌다.

사랑하는 청년들아!
문제를 만나거든
피하지 말고 초장에 정면으로 돌파하라.

정면 돌파는
문제해결을 위하여
가장 쉽고 빠른 길이며
그 결과는 인내와 용기를 덤으로 얻는다.

정면 승부가 답이다

산을 넘어본 자가 물을 건널 수 있고
물을 건너 본 자가 산을 넘을 수 있으니

산이든 물이든 피하지 말고 정면 승부하라.
청춘을 대적할 자가 세상에 어디 있겠느냐?

문제의 원인은 바로 자신이다

사람은 일생동안
많은 문제를 만난다.
그리고 대부분 문제의 원인은 바로 자신이다.
그러나 사람들은 그것을 모르기 때문에
평생 문제를 안고 살고 있다.

문제없는 세상을 살기위하여
너는 네 안에 있는 너 자신을 바로 알아 바로 세우라.
너의 고난을 세상 탓으로 돌리지 마라.
너의 고난은 바로 네 탓이야.
너를 잘 다스리라.
너의 탐욕에 빠지지 말고
너의 유혹에 넘어가지 마라.

조금 남은 사랑 한 조각을 챙겨서 떠나라

사업이 망가지고
바닥인생을 살고 있느냐?
이제 새로운 여행을 위한
배낭을 준비하라.

미련도, 후회도, 억울함도, 네 자신까지도
배낭에 담지 말고
조금 남은 사랑 한 조각을 챙겨서 떠나라.
때가 되면 웃으며 돌아오리라.

네 살점을 떼어주어도 빚에서 벗어나라

청년들아
빚지지 마라
빚지는 일은 귀신과 인연을 맺는 거야.
문어가 문어 통 안에 한번 들어가면
절대 나오지 못하는 것처럼
어두운 방에 한번 들어가면
나오지 못 하고 귀신의 밥이 되지.

빚지는 것은 시간과 공간의 자유를 담보하는 거야.
내 시간이 내 것이 아니고,
어디라도 내 마음대로 갈 수 없지.
청년들아,
빚이 있다면
네 살점을 떼어 주어도 빚에서 속히 벗어나라.

너 죽고 나 죽는 똥배짱

청년들아!

하는 일은 풀리지 않고,
은행대출 만기는 임박하고,
가족관계는 어렵고,
모든 앞길이 막혀 답이 보이지 않을 때
너희들은 어떻게 하겠니?
친구들아, 돈도 없고 뒤를 봐줄 빽도 없으면
너 죽고 나 죽는 똥배짱이라도 있어라.

확실하게 끝을 보아라

억울하고 많이 아파도
일을 지지르지 말고
너의 때를 기다리라.
많이 기다리면 기다릴수록 큰 때가 오니
기다림에 인색하지 말고 때가 올 때까지 기다리라.
어떤 사람은
그때가 눈앞에 이르렀으나 모를 뿐이니
조급하지 말고 끝까지 가라.
그리고 확실하게 끝을 보아라

인생은 수학문제

수학문제
많이 풀어본 사람이 잘 푸는 법.
인생도 같아.

현재의 어려움을 힘들어 하지 마.
나중 더 큰 어려움을 풀 수 있는 연습문제라고 생각해.

문제를 만나거든 두려워 마라

문제를 만나거든 두려워 마라.
어차피 인생은
문제를 풀기 위해 태어난 운명.
너의 문제를 일상으로 여겨 문제를 문제로 보지 말고
문제는 풀어보라고 있는 것이니
그냥 풀어 나가라.

너만의 성공 스토리를 만들어라

작은 일에 충성하여 성공하라
작은 일에 성공스토리가 없는 사람에게
하나님인들 큰일을 맡길 수 있겠느냐?
먼저 작은 일에 충성하여
작지만 너만의 성공 스토리를 만들어라.

누가 실패하는가?

누가 실패하는가?
내 생각을 믿는 사람.

누가 성공하느냐?
내 생각을 믿지 않는 사람.
무슨 일을 하든 네 세상이 앞서지 말고
가족의 생각, 옆사람의 생각, 동료의 생각, 세상의 생각
그리고 네 육신이 아닌 네 속사람의 생각을 먼저 들으라.
그리하면 실패함이 없으리라.

지금부터 참는 자가 복이 있다

참았다. 또 참았다. 정말 참았다
이제는 더 참을 수 없다
그리면
지금부터 참는 자가 복이 있다.
견디기 힘들만큼 견디었는가?
그러면 지금부터 견디는 자가 복이 있다.

그렇다.
더 이상 참고 견딜 수 없을 때
그때를 넘어가라.
그러면 끝이 보인다.

무제

슬픔의 산을 넘어온 자에게 영광 있으리.
아픔의 파도를 넘어온 자에게 기쁨 있으리.

고통을 즐기며 아픔을 아픔으로 극복하면
언젠가 네 날이 터진다.

인생은 짧지만

청년들아,
기다림은 세상을 변화시키는 시작이다.
너희는 조급하지 말고 기다림으로 시작하라.
인생은 짧지만
기다리기에는 긴 인생이다.

흔들리지 않으면 언젠가 일어선다

인생은 항상
오르막이 있고, 내리막이 있으며
없기도 하고, 있기도 하는 것이니
환경에 따라 요동하지 마라.
흔들리지 않으면 언젠가 일어선다.

두 가지의 인생 스타일

권투복서는
상대의 가슴으로 집요하게 파고들며
싸우는 인파이터(in-fighter)와

상대의 주변을 가볍게 돌면서 필요할 때 펀치를 날리는
아웃복서(out-boxer)가 있다.
인생도 마찬가지다.
잠자지 않고 열심히 모든 열정을
일에만 집중하는 인파이터형과
적당하게 놀면서 즐기며
일하는 아웃복서형이 있다.

인파이터는 피곤한 인생이다.
안으로 깊이 파고들다가
스트레이트 한방에 KO되는 수가 있다.
아웃복서 인생은 여유가 있다.
놀면서 일하고 일하면서 논다.
그리고 찬스가 오면 한방에 끝낸다.

청년들아, 너는 인파이터보다 아웃파이터가 되라.
이렇게 사나 저렇게 사나
잘살고 못살고는 별 차이 없다.
여유를 가지고 쉬면서, 주변도 돌아보면서 살아라.
청년들아,
아웃-파이터로 살면 후회하지 않을 것이다.
내가 증인이다.

예의를 지키라

성공의 많은 원칙 중,

예의를 지키는 것보다 더 큰 원칙은 없다.
예의는 인간이 가져야 할 가장 기본의 인성이기에
사람으로 대접받기 어려운 인성을 소유한 사람은
무슨 일을 하든 잘 되는 것은 불가능하다.
끝이 분명히 좋지 않다.
청년들아!
예의를 잘 지키라.
반듯한 예의와 격식은
모든 인간관계의 시작이며 네가 출세하는 문이다.

약속을 생명처럼 여기라

청년들아.
항상 약속을 생명처럼 여기라.
지킬 수 없는 약속은 하지 말고
지킬 수 있는 약속만 하라.
약속을 어김으로
많은 것을 잃게 되며 기회가 너를 찾지 않으리라.

네가 만사형통하기를 원하느냐?

네가 만사형통하기를 원하느냐?
그러면 보이는 곳에서나
보이지 않는 곳에서나 똑같이 행하라.
그렇지 않으면

너와 네 가족이 세상의 부끄러움이 될 것이며
네가 가진 재물도 너를 비웃으리라
자신이 없으면 그냥 조용히 살아라.

미생의 처세

청년아!
직장에서는 최선을 다하라.
그리고
네 윗사람이 대인이거든 충신이 되고
네 윗사람이 소인이거든 철저히 간신이 되어라.
윗사람이 소인이면 어찌 너의 충성을 알아주겠느냐?
너는 소인으로부터 떠나거나
아니면 철저히 간신으로 실리를 취하라.

힘든 거 잠깐이야

청년들아 사는 게 힘드니?
그게 인생이야.
너무 힘들면
너의 힘든 생각과 마음을 내려놓고
밖에 나가
셔츠가 흠뻑 젖도록 운동이나 하고 들어와라.
힘든 거 잠깐이야.
1년 가는 고민도 없어.

네 자신을 버리라

세상 누구도 네 원수로 생각하지 마라
네 원수는 더럽고, 게으른 네 안의 너다.
세상에 네 원수는 없으며
네 안에 있는 원수의 다른 모습일 뿐이야.
너를 힘들게 하는 것은 네 자신이야.
네 자신만 버리면 잘살 수 있다.

부자습관

쉽게 부자 되고 싶니?
그래, 쉽게는 어렵지만
힘 들이지 않고 부자되기는 쉬워.
부자습관을 길러 봐!
가난한 사람은 가난습관을
부자는 부자습관을 가지고 있지.
아무리 공부를 잘하고 능력이 있어도
가난습관이 있으면
죽었다 깨어나도 부자는 어려워.
청년들아,
공부를 못해도 좋으니 부자습관을 길들이라.
부자습관은 돈을 부르는 습관이고
가난습관은 돈을 쫓는 습관이다
부자습관으로 어렵지 않게 부자가 되어라.
가난하면 처자식 골병들고 말년에 비참한 모습이 된다.

지옥이 따로 없다.

네가 죽을 때 누가 거창한 이벤트라도 준비할 줄 아니?

뭐가 그렇게 복잡하니?
뭘 그렇게 어렵게 생각하니?
무슨 생각이 그렇게 많니?
대충 생각하고 대충 살아.
네가 세상에 나올 때 무슨 거창한 계획이라도 가지고 나왔니?
네가 엄마 뱃속에서 처음 생길 때
네 엄마가 너에 대하여 대단한 생각이라도 가지고 있었던 줄 아니?
또 네가 죽을 때 누가 거창한 이벤트라도 준비할 줄 아니?
네가 죽는 것도 아무 의미 없이 끝나는 거야.
대충 왔으니
대충 살다가
대충 가는 게 인생이야.
힘들 때는 복잡하게 생각하지 마. 그냥 바보처럼 살아.

사업을 하려거든

사업을 하려거든
돈과 사람과 가치가 함께하는 아이템을 찾아라.

돈을 벌되 사람에게 유익하고,
자신에게 가치 있는 일을 한다면

후회도, 실패도 없으리라. 네 인생은 완전 대박이다.

기회가 찾아오는 사람

일관성,
일관성 있는 사람만이 성공할 수 있으며
일관성 있는 사람에게 기회는 온다.
네가 어디서 무슨 말을 하든,
네가 누구에게 어떻게 대하든
네가 어디서 무슨 일을 하든
일관성이 있으면
어디를 가도 기회를 만나며 대접을 받을 것이다.

조급한 사업은 시작하지 마라

인생길은 3차선
1차선 : 추월선
2차선 : 승용차 주행선
3차선 : 대형승합차 주행선

인생들아.
빨리 가려고 1차선에 들어가지 마라.
1차선은 빠르고 급해서 사고 나기 쉬우니
너희는 2차선을 지키라.
2차선은 항상 좌우로 움직일 수 있는 공간이 있다.

인생을 지름길만 생각하고
빨리만 가려고 하면 사고 나기 쉽다.
그리고 인생에는 지름길도 없고 빠른 길도 없다.
조급한 사업은 시작하지 마라.
사업이 조급하면 망할 징조다.

후손에게 물려줄 최고의 선물

너는 (갑)이 되어라.
(갑)이 아니면 길을 가지 말고
(갑)이 아니면 묻지를 마라.
누구보다
큰 뜻을 품고, 다르게 생각하며 너만의 길을 가라.
(갑)만이
네가 네 후손에게 물려줄 최고의 선물이다.

돈은 교활한 생물이다

돈은 교활한 생물이다.
그러므로 네가 돈을 지배하라.

돈은 교활한 생물이다.
그러므로 네가 지배하지 않으면
바로 너를 지배하며 너를 노예로 부린다.
돈의 노예가 되면

네 자신도 가족도 지옥을 면치 못하리라.
군자는 무소유를 말하지만
무소유로 살려거든 결혼하지 말고
산으로 들어가 자연인이 되라.

4귀 화점을 먼저 확보하라. 그리하면 백전백승이다

청년들아,
바둑은 인생의 좋은 스승
바둑이란 것이
처음에 포석을 잘 놓으면
끝까지 잘 풀려 이기는 것처럼
인생살이도 젊은 시절 포석을 잘 놓으면
인생이 술술 잘 풀린다.

바둑을 이기는 사람이
바둑판 4귀 화점을 확보하듯이
청년아 너는 무슨 일을 하든지
4귀 화점을 먼저 확보하라. 그리하면 백전백승이다
건강, 결혼, 직업, 종교의 4화점을 확보하라.
네 목숨 말고는 모든 것을 투자할 가치가 있다.

세상의 평판

세상의 평판은

언제 어디서 뭉쳐 어디로 흩어질지 모르는 허망한 뜬구름.
한곳에 머무르지 않지만
어리석은 자는 세상의 평판으로 갈 길을 잃고 방황한다.

세상의 평판, 이름하여 뜬구름을 두려워 마라.
세상이 너를 나쁘게 평가하거들랑
자신을 돌아보는 좋은 기회로 삼고
그렇지 않으면 너는 당당히 너의 길을 가라.
오히려 세상이 너를 높게 평가할 때가 위험하니
그때 긴장하라!

너무 망설이지 마라

청년들아,
무슨 일을 시작하기 전
너무 망설이지 마라.
어차피 성공과 실패를 거듭하며
더 많이 배우고, 더 많이 발전하는 것이
인생 성공 공식이다.

강한 자가 되라

강한 자가 되라.
자신을 단련하여 강한 자가 되라.
거친 운동으로 네 몸을 단련하고,

모든 문제와 정면 승부함으로 마음을 단련하고,
시련을 통하여 영혼을 단련하라.
그리고 강한 자가 되어 때를 기다리면
세상이 너를 부를 것이다.

실천이 없는 생각은 유령

생각만으로 성공할 수 있을까?
성공하기 위해서는
좋은 생각에 걸 맞는 실천이 있어야지.

실천이 없는 생각은 유령.
너는 유령이 되지 말고 실체가 되라.

정직한 돈을 벌어라

정직한 돈을 벌어라.
그리하여
자손들이 네 돈으로 부끄럽지 않도록 하라.
부끄러운 재물을 자식에게 상속하면
자식이 그 댓가를 꼭 치른다.

문제해결 능력

청년아!
너의 문제는 너에게 닥친 문제가 아니라
문제를 해결하지 못하는 너의 무능력이 문제다.
그러므로
문제를 만나거든
인생경험의 좋은 기회로 삼아
차분하게 정면승부를 하면서
〈문제해결능력〉을 키워라.
〈문제해결능력〉이 있는 사람에게
문제는 문제가 아니다.

네 인생을 복기復棋하라

친구들아.
바둑고수들이 바둑판이 다 끝난 후
처음부터 다시 한 번 두어보는 것처럼
네 인생을 복기復棋하라.
고등학교를 복기하고
대학교를 복기하고
군대를 마쳤으면 군대생활을 복기하고,
네 친구를 복기하고
네 여자를 복기하고
네 인생의 전환점마다 지난날을 복기하여
과거의 너를 돌아보고 미래의 너를 그려보라.

그리하면 실패는 없다.
고수가 별거니?

돈은 사랑도 전쟁도 아니다

돈은 부부를 가까이 하고 돈은 애인을 가까이 하고
돈은 세상을 가까이 하고 돈은 천국을 가까이 한다.

돈은 부부를 멀리하고 돈은 애인을 멀리하고
돈은 세상을 멀리하고 돈은 천국을 멀리한다.

돈은 요물이다.
돈은 사랑도 전쟁도 아니다.

결혼은 <성인 남녀의 동업계약>

결혼은
예전에 사람과 사람의 만남.
지금은
능력과 능력의 만남.
사람보다 능력이 먼저인 세상.

사람이 조금 마음에 안 들어도
돈으로 부족함을 채울 수 있다고 생각하는 세상.
조금은 위험하지만 어쩔 수 없는 선택.

하긴 그래.
사람은 살아봐야 알지만
경제력은 예측할 수 있으니
서로의 경제적 기반을 따질 수 밖에.
이제는 그래.
결혼은 〈성인 남녀의 동업계약〉.
이제 우리는 예식장에서
〈성혼서약〉보다는 〈동업계약〉이 어울릴 거 같아.
그래서 판사도 이혼하면 재산을 반반 나누어주거든.
가정의 힘도, 부부애정의 원천도 돈.
돈이 없으면 있는 애정도 없어진다.
이것이 바로 지금 세상이다.
청년들아,
정신을 바짝 차려라.
너의 인생을 먼저 '돈 버는 일'에 올인하라.

부자근성을 키워라

청년들아
정부가 만들어줄 일자리를 기다리기 보다는
네 스스로 일자리를 찾고,
전공과는 전혀 관계없는 일이라도 부딪치고,
작은 일이라도 도전하는 부자근성을 키워라.
그리고
네가 원하지 않은 일일지라도
만나면 하는 일과 사람에게 최선을 다하라.

미래의 부자청년아
일자리가 너를 부르기 보다는
네가 네 자신에 맞는 일거리를 만들어 보고,
아니면 친구들과 창업을 하고
때로는 기업안에 너의 자리를 네가 만들어 취업하라.

청년아, 승리의 성산이 눈앞에 보인다

청춘은
전진하는 군대요. 휘날리는 깃발.
누가 군대를 막으며
누가 승리의 깃발을 꺾을 수 있겠느냐?
청춘은 신이 내린 선물이니
청춘을 노래하며
돌아보지 말고 전진하라.
승리의 성산이 눈앞에 보인다.

마무리

사랑하는 형제들을 청년부자공화국의 부자훈련에 초청합니다. 여러분 모두 청년부자공화국의 시민이 되어 부자영웅이 될 수 있습니다. 여러분을 기다립니다.

청년부자코치 정일봉 올림

〈청년부자공화국의 청년부자코칭 안내〉